世界一の透視者が見た2025年

人類最後の予言

知道出版

まえがき

本書では、これから非常に衝撃的で破壊的な世界が来るという話が展開されています。それは第一次世界大戦のころ、ドイツで発表された最高の透視者といわれるアロイス・イルマイヤーが見たビジョンです。

驚くべきことに、このビジョンが今まさに、この現実の世界で起こっているのです。私たちは、近年まれに見る混乱と戦争にまみれた激動の世界を生きています。

ご存じのように中東ではイスラエルとハマス、ヒズボラとの戦争、そしてロシアのウクライナへの侵攻はいまだに続き、ますます激化しています。

今、私が執筆している2024年の年末、アメリカの介入により、ロシア・ウクライナ戦でＩＣＢＭという初の長距離弾道ミサイルが使用され、ついにヨーロッパとロシア（とその連合国）との戦いにまで広がる様相を見せています。

イルマイヤーが予言した第三次世界大戦と、人類がいまだかつて経験したことのない自然大災害――それらが起こる年こそ2025年、つまり、あなたがこの本を手にしている〝今〟なのです。

けれども、ここでお伝えしておきたいのは、私は人の恐怖心を煽って商売をしようという意図がまったくないということです。それは私がとくに善人だからではなく、自分のためでもあります。

なぜならば、他人の不安や恐れで自分を豊かにする人は、悪い業（カルマ）を蓄積して、遅くとも来世でその報いを受けることになるからです。それは宗教とは関係なく、宇宙の法則に基づいています。つまり「悪事身に返る」という古来の賢者の言葉どおりになるのです。

そうしたことを別にしても、今のこの世界は、人々がもつ強欲のせいで滅びつつあると感じています。「強欲」や「貪欲」は決して良い結果を生みません。

そして、人の不幸や苦しみをただ眺めているのは、私の信条ではありません。若い頃、私は日本に導かれ、禅寺で2年以上、禅の修業をしました。私の師匠の中には、原田雪渓（せっけい）老師（発心寺（ほっしんじ））と原田湛玄（たんげん）老師（佛國寺（ぶっこくじ））のような名高い僧もいました。

そもそも、現在の私はホリスティック心理学と東洋医学の専門家として、皆さんの幸せを願って心理的援助を行っています。とくに、うつ病、睡眠障害、不安症についてのカウンセリングをし、すでにドイツや日本で18冊の専門書を執筆し、さまざまな大学で講義を行っています。

ですから、私は、けっして皆さんを不安な気持ちにさせるつもりはありません。私が希望するのは、戦争や紛争がなく平和な世界です。

しかし、現実世界を見ると、いたるところで争いがあり、戦争や紛争が続いています。そしてそれは、ますますエスカレートするようです。

もしかしたら、これから奇跡が起きて私たちは救われるかもしれませんが、現時点ではそうは思えません。

読者の皆さんには、私の調査結果、そして分析とその解釈にあまり影響されないよう忠告しておきます。誰もが自分の意見を持つことが大切です。そのために、たくさんの材料を集めました。そして、インターネット上の元情報へのリンクをQRコードで掲載しました。

アロイス・イルマイヤーは、ドイツの、いや世界でもまれに見る透視者であり、未来を予言する能力を持った人物です。

その卓越した能力は、ドイツの人々の悩みを解決するばかりでなく、世界各国から要人が訪れ、彼の能力に助けを求めたと記録されています。イルマイヤはどんな些細な依頼にも、その能力を惜しむことなく真面目に答え、多くの人に感謝された存在です。

本書の第1章では、まずイルマイヤーとは何者かを紹介し、第2章で、その彼が見た透視の中で、来たるべき「第三次世界大戦」の惨劇とその未来の記録について取り上げ、ドイツ人である私の注釈を加えました。

後半の3章、4章では、現在起こっている世界情勢の中で、日本と日本人に向けて私からの希望と警告を語っています。最後に、この難局をどう乗り越えるか、その心の持ちようについても触れています。

私にとって重要なのは、皆さん自身が今、世界で何が起きているかを理解し、意識の地平線を広げることです。そうすることで私の洞察ではなく、あなたの洞察になります。そして初めて、自分の将来を間違えないように計画し、自分自身と他人を助けることができるのです。

あなたの正しい意識と長寿をお祈りします。

マンフレッド・クラメス

世界一の透視者が見た2025年

人類最後の予言

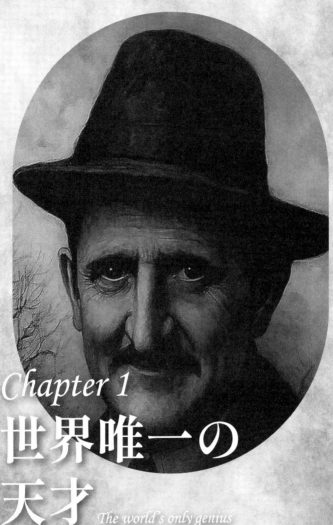

Chapter 1
世界唯一の天才

The world's only genius

予言と占いの違い

古来より、人々は未来がどうなるかを知りたがっていました。豊作になるか、それとも不作かによって生死が分かれるからです。

今でも世界情勢、株価から結婚相手がいつ現れるかまで、未来を知りたいと思うのが人情です。それが、世界最古の職業ともなった占いが今日まで続いている理由でしょう。

その中で、占いに頼らずとも将来が見える天賦の能力を持った人が、時代時代に現れたのも事実です。実際に、その能力が高い者のもとには貴族やお金持ちが訪れて、大金を払って未来の情報を得ていました。

また、古くから星を読む占い師も活躍していました。聖書にも書かれているように、一流の占星術師がイエスの誕生を予言しました（ベツレヘムの星）。占星術は古代エジプトにすでに存在していたのです。

皆さんは、古代インドから脈々と伝わるヤシの葉に記録された「アガスティアの葉」をご存じでしょうか。

インドのある地方には、何千年も前にアガスティアという聖人が、全世界に誕生する人類ひとりひとりの人生をパーリー語で書き残したものが現存するといわれます。

私はこの「アガスティアの葉」の個人的な経験があります。

占い師は私の葉を探し出すと、両親の名前をヤシの葉から正確に読み上げて、人生を語り始めたのです。そして私は未来だけでなく、過去世も知ることができました。

もう30年ほど前のことですが、この出会いは忘れられません。（詳細は拙著『病因は霊だった！』に記載されています）

それ以外にも、金持ちと政治家しか相手にしないスリランカの名高い手相占い師と出会いました。親しくなったおかげで、彼は私の手相をタダで読んでくれました。言われたことはあまりにも信じられなかったので、何日も心に残りました。あの老人はまさに達人だったのです。残念ながら、そのような天才は稀でどこにでもいるわけではないのですが……。

誰もが知る万能の天才レオナルド・ダ・ヴィンチは、優れた製図家であり画家というだけではなく、未来を予知することもできました。

例えば、当時まだ発明されていない飛行するための機械や技術装置の図面を描きました。

ダ・ヴィンチが描いたヘリコプターの機能の図

私にとって面白いのは、彼が当時のキリスト教の教えに反することも研究していたので、教会から迫害を受けていたことです。そのために、彼はメモや手紙を暗号化する必要がありました。

世界で最も有名な予言者は、おそらくフランスのノストラダムス（1503―1566年）でしょう。彼の予言は非常に的中したので、当時の多くの貴族が常連客となりました。カトリーヌ・ド・メディチ、ヘンリー2

有名なノストラダムス

世の王妃など。

あいにく彼も教会から迫害を受けたと、多くの本にあります。しかし、その理由はどこにも書かれていないので私が説明しましょう。

もし、来週、あるいは来月に何が起こるか分かれば、その準備をできます。何も知らない人よりも、その情報を自分に有利に活用できます。

すると、神に祈り、願いをかなえる必要がなくなります。つまり教会が不要になるということです。何のために神父にお金を寄付するのか？　もう宗教は必要ないのではないか？　そう教会に疑問を抱いたり、あるいは宗教に疑いが生まれたりすれば、その宗教は終わりです。

同じ理由で、日本でも楽聖として人気のある作曲家ベートーベンの「交響曲第九番」は、その当時、初演が禁じられました。

「歓喜の歌」が教会に検閲されたという事実は一般にあまり知られていませんが、ベートーベンは密かに、私たち人間がどうすれば自由になるかというメッセージを歌詞の中に隠したのです（詳しくは拙著『交響曲「第九」の秘密』を参照）。

では、ノストラダムスの話に戻りましょう。

ノストラダムスは、ずっと先の未来に起こることを予言しました。

例えば、代表的な予言は、１６６６年のロンドンの大火災、フランス革命、ナポレオンの台頭、アドルフ・ヒトラーの出現、第一次・第二次世界大戦、第三次世界大戦、原爆による広島と長崎の破壊、Ｊ・Ｆ・ケネディの暗殺、９・11テロ行為など。

彼はさらに多くのことを予言しましたが、残念ながら記録の大半は消失しているか（誰かの手によってでしょうか？）、または非常に厳重に暗号化されているため、正しく解釈できません。ちなみにノストラダムスの本職は医者でした。

ところで、ババ・ヴァンガ（１９１１―１９９６年）というブルガリアの盲目の治療家であり、透視能力者をご存じでしょうか。20世紀のノストラダムスと称され、その予知能力は極めて高く、ブルガリア政府公認として活躍しました。

ネットの情報によると、2025年に世界大戦が起こると予言したことで、騒がれています。とりわけ、ババ・ヴァンガが正しく予言したのは、次の事柄です。

第二次世界大戦、スターリンの死、チェルノブイリ事故、自分自身の命日(1996年8月11日)、ロシアのクルスク原子力潜水艦事故、ダイアナ妃の死、1985年のブルガリア北部地震、ソビエト連邦の崩壊、9・11同時多発テロ、2004年の津波、オバマ大統領の選挙(ババ・ヴァンガは彼の名前を知っていたわ

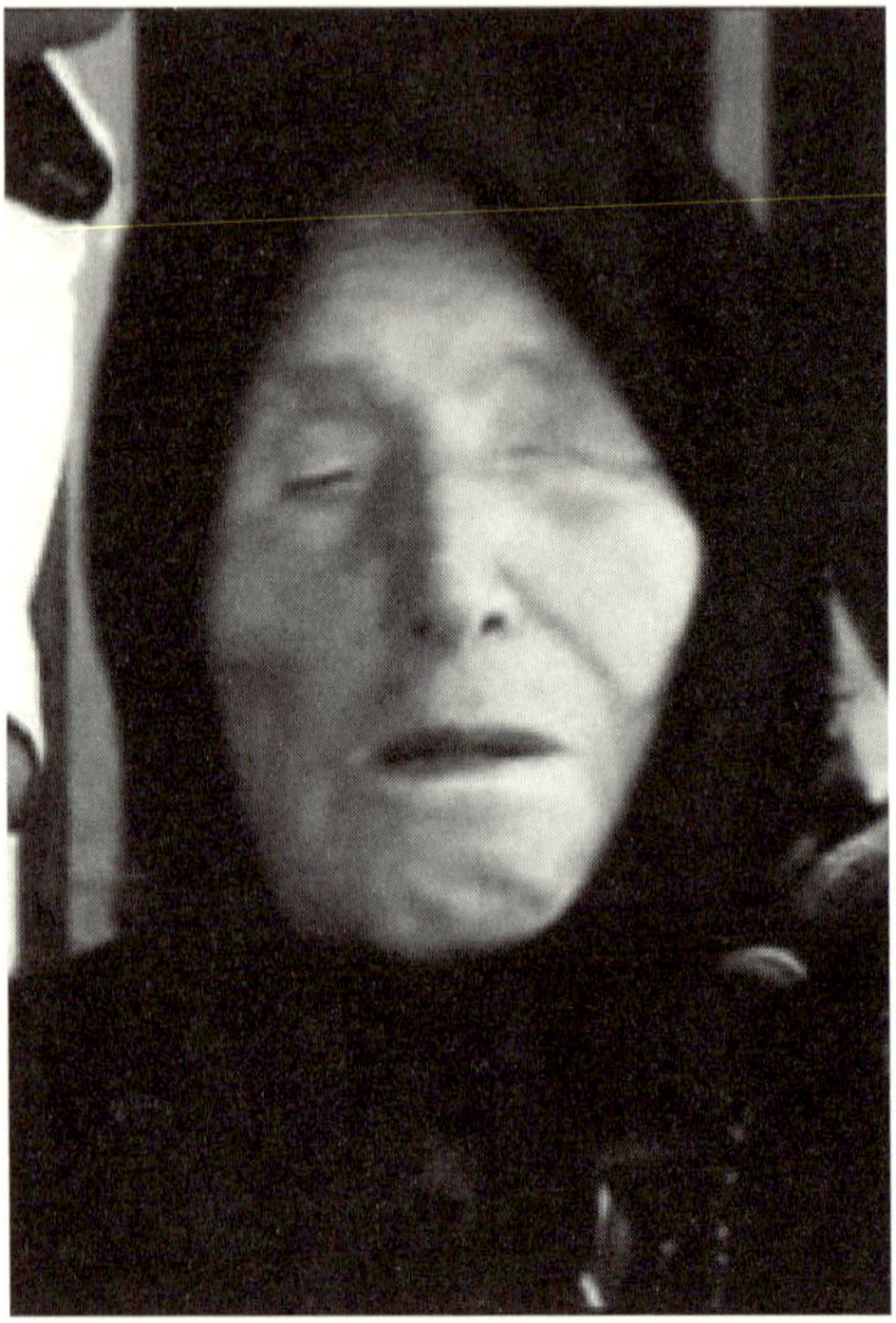

ブルガリアのババ・ヴァンガ

けではないが、黒人のアメリカ人が大統領になるということ)。

ちなみに、ババ・ヴァンガの唯一の弟子であり、卓越した予言者であるベラ・コチェフスカは来日したことがあり、行方不明者の捜索や難病者の治療に協力しました。彼女は、自分の前世は「日本の巫女だった」と言っており、そのとき日本の神々と交信した経験から、日本について多くのことを語っています。

ベラ・コチェフスカは言いました。

「――日本人は昔は霊性の高い人種だったが、現代はほとんどの人が霊性を失いつつある。そのために、原爆、大地震、大津波といった災害が次々と起きる。つまり、日本の神々は日本人の目を覚まそうとしている」

これは驚くべきことに、私が常に述べていることとまったく同じです。

さて、本書の主人公は、占い師ではなく、ただの予言者でもありません。

彼は将来に起きることを「絵」として見ることができた人物――透視能力者でした。その的中率があまりにも高かったため、ドイツ全土から、いいえ他国からも多くの人々が訪ねてきて、家の前に長い行列ができるほどでした。

その人物こそが、日本ではまだあまり知られていない「アロイス・イルマイヤー」です。

ドイツ語の「HELLSEHEN」は直訳すると「明るい・見る」という意味で、日本語でいう「透視」です。こうした透視能力者に見えているのは、この世のものだけではないので、目の見えない人でも行うことができます。言い換えれば「内なる目」で見るということです。

私から見れば、イルマイヤーは非常に信頼できる人物です。なぜなら、彼は未来を映像（ビジョン）で捉え、それをそのまま周囲の人に伝えました。そこには彼の個人的な解釈が入っていないのです。さらに、彼は数十年前まで生きていたので、そのビジョンと記録はかなり〝新鮮〟で〝正確〟なのです。

それでは、彼についての明らかな記録を解説していきましょう。

イルマイヤーの正体とは？

アロイス・イルマイヤーは、１８９４年6月8日、南ドイツで農家の息子として生まれました。

読者のみなさんがその時代を理解するために、一つの例を挙げましょう。

そのわずか8年前の１８８６年、カール・ベンツはマンハイムで世界史上初の自動車を発表しました。それは、大きい三輪車のようだったので、彼は多くの嘲笑を浴びました。「馬のいない馬車」だとからかわれて……。

また、イルマイヤーが生まれる13年前まで、ドイツにはバイエルン王国という王国が存在していました（その後、独立を失い、ドイツ帝国の一部となりました）。

イルマイヤーは第一次世界大戦で兵士として従軍し、終戦後は、父親の農業を継ぐことになります。

彼には小さい頃から、地下を流れる水脈を発見する才能があったため、主に井戸掘り職人としても働きました。当時のドイツでは田舎に水道がなかったため、水脈を見つけて井戸を掘ることは、人の命にかかわる重要な仕事でした。

その才能以外に、彼がドイツ全土から注目を浴びるようになったきっかけは、第二次世界大戦中、爆弾が投下される場所を正確に予言したこと、そして行方不明の兵士の所在を明らかにしたことです。

アロイス・イルマイヤーについての
ドイツの本

イルマイヤーは、いくつかのインタビューに答えています。その中で、自分の透視能力の最初の出現について、こう述べています。

イルマイヤーは1928年、あ

る農家に送電網を設置しました（彼は自分の家と農場を電化しましたが、これは当時の田舎では珍しいものでした）。

昼食時にその家のリビングルームに入ると、壁に12人の聖人に囲まれた聖母マリアの絵が見えました。この絵が彼を魅了し、まるで催眠術にかかったかのように見つめていると、突然それは起こりました。

描かれていたマリアが額から飛び出し、等身大の姿で彼の前に現れたのです！　マリアは彼の前に立ち、少し微笑むと、絵の中に戻っていきました。

イルマイヤーは何が起きたか理解できず、木偶のようにそこに立っていました。彼が正常な意識を取り戻すまでに数日かかったといいます。

それ以来、彼の目の前で〝映画〟が上映されるようになりました。それは家の中や部屋の壁、最後には雲の中や屋外にも現れるようになり、彼は心の目で、過去、現在、未来の映像を見ることができるようになったのです。年々これらの映像はより明確になり、より頻繁に、無意識的にも意識的にも現れるようになりました。

彼はあるとき、宿屋での祝いに招待されました。

男たちは幸せな雰囲気で座り、笑いながらビールを飲んでいました。すると宿屋の主人がやって来てイルマイヤーに気づくと、みんなに呼びかけました。

「さあ、この特別なお客さんの健康を祝って乾杯しようではないか！」

全員がグラスを上げると、イルマイヤーは宿屋の主人を見てこう言いました。

「あなたはあと3日しか生きられないから、あなたにこそ乾杯しよう」

主人はそれを冗談と受け止め、笑いながら、

「僕はまだ若くてピンピンしてるよ」

と返しました。

しかし、3日後にその主人は脳卒中で亡くなりました。

彼の人生で注目すべきことは、その予知能力に対して詐欺の疑いがかけられたことでした。イルマイヤーは、詐欺罪で告訴されたのです。

1947年に「ニセ占い師裁判」が行われました。

法廷で裁判官がイルマイヤーを笑いものにしながら、こう挑戦しました。

「あなたのすごい予知能力を証明できますか？」

それを聞いた被告のイルマイヤーは答えました。

「あなたの奥さんは家にいて、男性と一緒に居間でコーヒーを飲み、楽しい会話をしています。彼女は素敵な赤いドレスを着ています」

裁判官は怒りに震えながら、すぐに執行官ふたりに命じて自分の家の様子を見に行かせました。戻ってきた彼らは「確かにその通りです」と報告しました。

法廷にいた40人以上の傍聴人が大笑いし、裁判官はイルマイヤーはニセ予言者でないという判決を下したということです。


それ以来、イルマイヤーは警察に協力して、いくつかの犯罪事件を解決しました。当時はまだ、証拠の鑑定としてＤＮＡ検査などの科学的な検証が行われていませんでした。

彼の関係した事件でこんなものがあります。

ある男性が亡くなり、関係者の証言から自然死と判断されました。しかし、イルマイヤーには、その男が毒殺されている映像がありありと見えたのです。

彼の要請によって死体が掘り起こされ、解剖してみると、ヒ素の痕跡が見つかりました。そこで再捜査となり、自然死を主張した元妻の犯罪が明らかになりました。

彼の予言がどれだけ正しいかは、アドバイスを求める人々の列でも証明できます。1945年の夏から1950年の春にかけて、彼の家の前にはいつも長蛇の列ができていました。週末には100人以上になることもよくありました（しかし、1946年から1947年にかけては、イルマイヤーが話すことを禁じられたため、この列は消えました）。

イルマイヤーの伝記の中には、アメリカの元大統領のロナルド・レーガンが登場します。レーガンがウィーン訪問の際、駐在米国大使からイルマイヤーの予言の英訳を受け取ったと記録されています。

その当時、アメリカはドイツを占領していたので、彼のことが耳に入り、それをワシントンに報告したのでしょう。

したがって、ワシントンの特定の人たち、つまり政府職員、軍、情報局はイルマイヤーの予言を知っていた可能性が高いということです。

ドイツで最も頑固な批評家や懐疑論者でさえイルマイヤーを否定することはなく、大勢の人々が彼の能力を信じていました。そうしたイルマイヤーの存在を米国の上層部が知っていたのであれば、彼は米国で莫大なお金を稼げたかもしれません。

彼が一流の予言者だったか、自分を一流として売り込んだ二流の予言者だったかは関係ありません。予知能力の才能と、ビジネスの才能は別ものです。

もし、イルマイヤーに打算的なビジネス能力があれば、米国で驚くほどの金額を稼いでいたでしょう。

しかし彼は、この能力に対して金銭を受け取ることは、生涯において一切ありませんでした！

私の個人的な経験によると、才能を商売に使うとその力が消えるケースが非常に多いのです。すなわち、神様からもらった特別な才能は人助けのもので、自己利益のためのものではないからです。

イルマイヤーが一切お金をとらなかったこの事実こそが、彼の才能の信憑性を証明しています。


しかし、残念ながら彼の本物の才能が、くだらない、どうでもいい個人の利益のために利用されていたことも少なからずあったようです。

１９４９年のある新聞記事によると――アメリカの石油王が飛行機に乗って現れ、イルマイヤーからアドバイスを受けた。村人はバイエルン州のどのサッカーチーム、あるいはハンドボールチームが勝つかについて、賭けのための情報を聞き出した。イルマイヤーの知人たちは、夕方に国境を越えるとき警備が来るかどうか、またはザルツブルク行きのバスに座席を確保できるかを尋ねるほどだった――

ということです。

イルマイヤーはこれらのすべてを詳細に「見て」、正確な答えを与えましたが、一銭のお金も要求しませんでした。

ミュンヘン・メルクール紙には、「1949年10月、アロイス・イルマイヤーはバイエルンに再び王が誕生すると予言した」という記事が掲載されました。バイエルン州は再び君主制になるのかもしれません。

また、1949年の同紙の記事にはこんなものもあります。

戦時中、ローゼンハイムへの激しい爆撃の数日前、イルマイヤーは町の宿屋に滞在していました。このとき、彼は来たるべき惨事を正確に予言しました。

それは「ザリーネ庭園に建てられた大きなバンカー（防空壕）に着弾し、中央にいる者が襲われる」というものでした。

その日、彼は空襲から逃れてきた住民たちと一緒にバンカーにいました。

当時、バンカーの中央が最も安全な場所であると考えられていましたが、彼は突然、中央から離れるようにみんなに呼びかけました。住民たちは彼の後を追って、できるだけ壁際に座りました。

すると、大砲撃の開始とともに兵士の一団が押し入って来て、空いている真ん中のベンチに座ろうとしたのです。

イルマイヤーが「そこはダメだ！　真ん中から離れて！」と警告すると、兵士のリーダーは「馬鹿げている、中央に前進しろ！」と声を荒げました。そして数分後、直撃弾がバンカーを襲い、中央にいた者はすべて引き裂かれました。

結局、イルマイヤーは兵士を除いた何十人もの人々を死から救ったのです。

このあと、イルマイヤーは自分の故郷のフライラッシングへの攻撃も予言し、爆弾がどこに落ちるかを正確に語ったために、大勢の命が助かりました。

イルマイヤーはこうした自分の才能について、決して喜んでいる訳ではありませんでした。それどころか、彼が家族の友人に語ったところによれば、戦争の悲惨な映像をいつも見続けるのは耐え難い、ということでした（この家族は彼との多くの会話を記録しており、信頼できる情報源となっていますが、残念ながら大部分が焼失しました）。確かに、見たくないのに見えてしまうということは、大変気の毒なことだと私も思います。

彼は1959年に肝臓がんで亡くなりましたが、その最期のときにこう言いました。

「死なせてくれることを神様に感謝します。なぜなら、目の前に現れた恐ろしい映像を体験しなくてすむから」

では、彼の主な予言を見てみましょう。

わずかに残っているイルマイヤーの写真はすべて暗い印象ですが、
証人、つまり実際に付き合った人々はみんなこう言いました。
「彼は愛情深い共感的な男。優しい目から慈悲と同情が流れてくる」

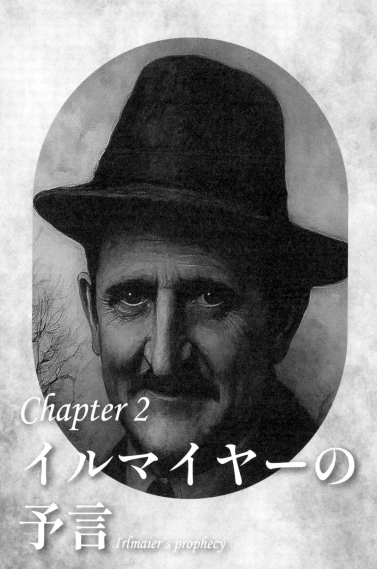

Chapter 2 イルマイヤーの予言

Irlmaier's prophecy

イルマイヤーの予言は、彼が語ったことを家族や友人が書き留めたノートが源となっています。ここに掲載したものは、オリジナルのドイツ語の文章とその直訳です。

ドイツ人でさえ意味が取りづらい部分があるので、分かりやすいよう、ドイツ語を母国語とする私の解釈を含めて各文章にコメントを付けました。

それでは、イルマイヤーが透視によってどのような光景を目の当たりにしたのか、読者の皆さんと一緒に探求していきましょう。

Part 1

一般社会の変化と発明

Es kommt eine Zeit,
wo man Sprachen lernt,
dann gibt es auch keine
Grenzen mehr.

みんなが外国語を学ぶ
時代が来る。
それ以降、国境がなくなる。

【解説】

イルマイヤーが生きていた頃、第二言語を話すドイツ人はほんのわずかでした。それから2世代後、学校で英語を学び、今日ではヨーロッパ人のほとんどが英語を話します。これは100年前には考えられなかったことでした。

ヨーロッパにはまだ国境が残っていますが、日本のみなさんがご存じのようにEU連合となり、ほとんどが廃止されました。ですから、車や電車で国から国へ、国境で止まらずにヨーロッパ中を旅行できます。

観光客や外国人のための制限もほとんどなくなり、ヨーロッパの旅がとても簡単になりました。以前は、誰もが国から国へ、大陸から大陸へと飛ぶことは簡単にはできませんでした。その状態は、まさに国境の廃止に等しいものとなっています。

Eine Währung wird
es geben. Man wird
Geld abheben mit
Pappdeckeln.

通貨は一つになる。
みんな厚い紙きれで
お金を下ろす。

【解説】

現在は、いくつかの例外（スイス、スウェーデン、フィンランド、ポーランド）を除いて、ヨーロッパ全土でユーロを使うようになりました。

これは、100年前の人に想像できるはずはありませんでした。つまり彼の見たことが完全に的中したということです。

また、現代の人々はキャッシュカードでお金を下ろし、クレジットカードを積極的に使うようになりました。これも、当時の人は想像できなかったでしょう。

おそらく彼は、現代人がクレジットカードを使う姿を見て驚いたはずです。そして、プラスティックのカードを「厚い紙きれ」と説明しました。

Auch haben sie so ein schwarzes Kästchen, wie eine Zigarettenschachtel, mit der sie sprechen und spielen.

人が黒い小箱で、
話したり遊んだり
している。

【解説】

彼の言った「黒い小箱」とは、当時流行したあるタバコメーカーの鉄のケースのことです。そのブランドは黒くて薄いタバコケースを使用しており、現在のスマートフォンにそっくりでした。

１９５５年のドイツでは、まだすべての家に電話はなく、とくに田舎では持っている人がほとんどいませんでした。そんな時代ですから、人はこのような発明を夢にも思わなかったので、彼は自分の知っているタバコケースに例えるしかなかったのでしょう。

ここですごいのは、この箱で通話ができるだけでなく、ゲームもできることをイルマイヤーが見たことです。そんな光景を１００年前に目撃したことだけでも、とてつもない霊能力ではないでしょうか。

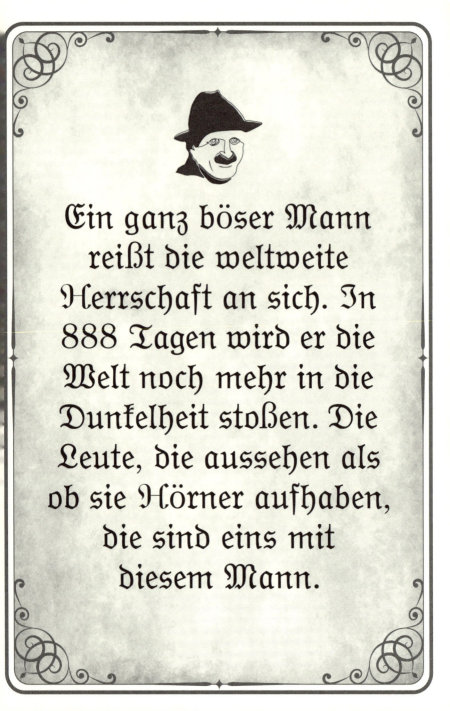

Ein ganz böser Mann reißt die weltweite Herrschaft an sich. In 888 Tagen wird er die Welt noch mehr in die Dunkelheit stoßen. Die Leute, die aussehen als ob sie Hörner aufhaben, die sind eins mit diesem Mann.

非常に邪悪な男が世界を支配
している。それから８８８日後、
彼は世界をさらに暗闇に
陥れる。角のようなものが
生えている人たちが、
彼と一緒である。

➡【解説】

この腹黒い男は、誰であるか不明です。バイデンか？　ゼレンスキーか？　当時、ヒトラーはすでに現れていたので当てはまりません。

８８８という数字はかなり具体的ですが、なぜそんなに日数がかかるのかは分かりません。

「世界を暗闇に陥れる」というのが本当であれば、多くの国に影響が及びます。したがって、悪の支配者は世界的な影響力を持つ人です。

「角」という言葉が何を意味するのかも明らかではありません。もしかして、司教たちのかぶる帽子のことでしょうか？　横から見ると、この帽子が角に見えるかもしれません。とにかく、この人たちは悪の支配者の側にいます。

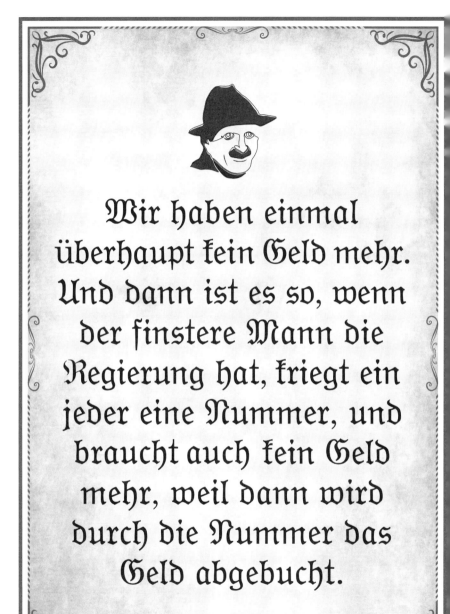

Wir haben einmal
überhaupt kein Geld mehr.
Und dann ist es so, wenn
der finstere Mann die
Regierung hat, kriegt ein
jeder eine Nummer, und
braucht auch kein Geld
mehr, weil dann wird
durch die Nummer das
Geld abgebucht.

ある日、お金がまったくなく
なる。そして、腹黒い闇の男が
世界を支配し、お金が不要に
なる。そのときから、みんなが
番号を取得し、その番号で
お金を下ろす。

【解説】

つまり、あるときから現金もクレジットカードもなくなることを意味しています。邪悪な支配者はみんなに番号を与え（マイナンバーだろうか）、その番号によって支払いをするのでしょう。しかし、それがどのように行われるかは分かりません。

刺青として？　皮膚に埋め込むマイクロチップとして？　支払うたびにスキャンされるので、支配者がすべての人の経済を管理することになります。

今日、日本ではスマートフォンで電車や美術館のチケットを購入する人が多くなりました。

先進国では現金の代わりに電子決済システムを使用しているところも多いですが、この点で最も進歩しているのはスウェーデンです。スウェーデン人は、すでに現金を使用していません。

しかし、お金を見たり触れたりしないことには、心理的な悪影響があります。

この種の目に見えないお金では、人々はお金とのつながりを感じにくくなるからです。

また、私たちは銀行預金を電子マネーに変える民間企業に依存しています。

イルマイヤーが100年前にこれをビジョンとして見ていたという事実は驚くべきことです。

スウェーデンの
キャッシュレスについて
の詳細はこちらへ

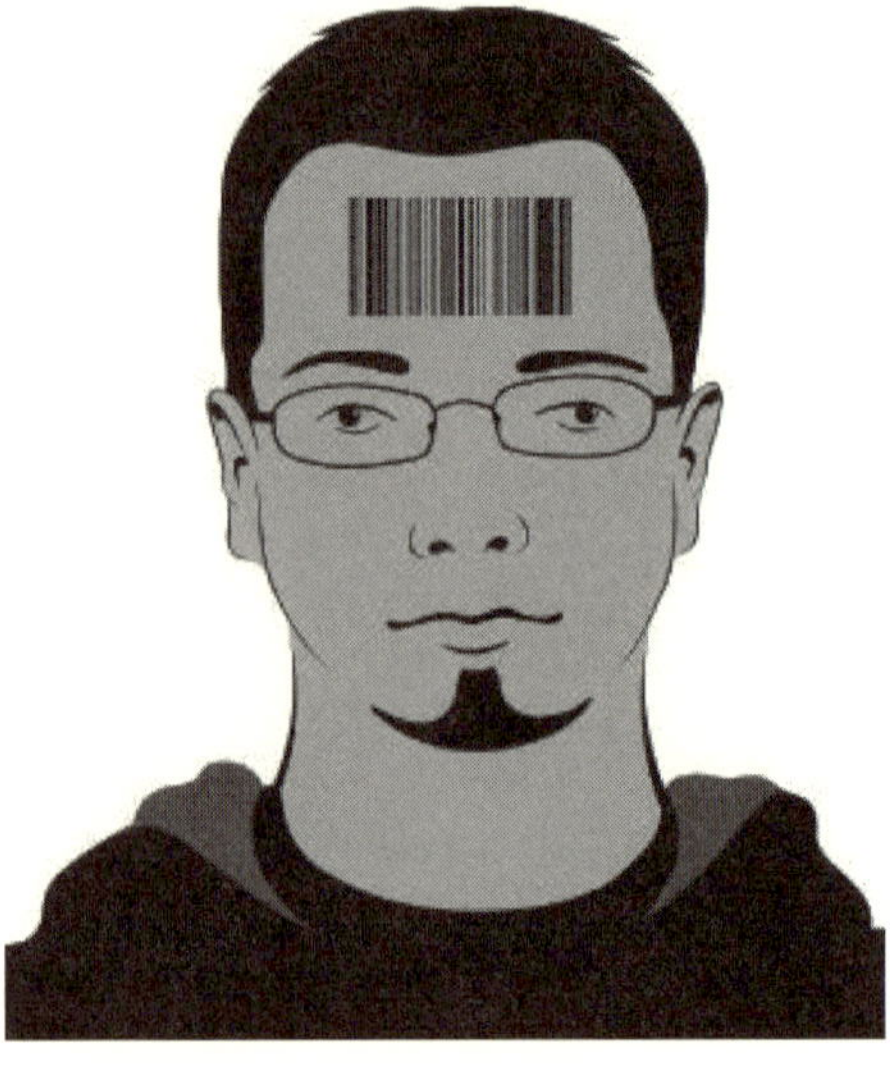

Die Sxhwarzen werden die Macht bekommen, die so lange im Staub waren.

長い間、塵の中にいた黒人が
権力を握ることになるだろう。

➡【解説】

この予言は、オバマ米大統領の就任を意味していると思われます。

予言当時の１９５０年代においてアメリカでは、まだ黒人は社会的に差別されており、黒人の大統領など想像するのでさえ難しい時代でした。

Part 2
戦争

Israel wird bedrängt.
Drum herum ist es
unruhig und kriegerisch.
Diese Unruhen schwappen
von Land zu Land.
Dem Krieg geht voraus
ein fruchtbares Jahr mit
viel Obst und Getreide,
wenn die Bauern schon
im März mähen.

― 第三次世界大戦の始まり ―

イスラエルが攻められる。
周囲の国はすべて落ち着かず、
好戦的だ。こうした恐れが国
から国へと広がった。戦争の前
の年は、たくさんの果物や穀物
が実る豊作で、農家は３月から
収穫する。

➡【解説】

イスラエル・パレスチナ戦争は、この原稿を書いている数か月前から、イスラエルがイランに再び攻められています。イラン、パレスチナ、レバノンなどがイスラエルに対して怒っており、中東全体がすでに〝火薬庫〟のようになっています。

２０２５年にもし戦争が勃発するなら、２０２４年は実りの多い年になるはずです。しかし、日本では暑い夏のせいで米が不足しました。ドイツでは異常気象のせいで、穀物の収穫量が平均を下回りました。

全ヨーロッパでは、多雨、洪水、涼しい夏となり、果物やブドウの栽培も気候変動の悪い影響を受けて豊作になりませんでした。中東（ヨルダンやアフガニスタンなど）の収穫量は平均をわずかに上回っていますが、それほどではありませんでした。

しかし、２０２４〜２０２５年の冬が穏やかであれば、農家が（異例ですが）３月に収穫を始める可能性があり、それが戦争の前兆となるのかもしれません。

Ich sehe es ganz klar.
Zuerst kommt ein
Wohlstand wie noch nie.
Dann folgt ein
Glaubensabfall wie nie
zuvor. Darauf eine nie
dagewesene Sittenverderbnis.
Als dann kommt eine
große Anzahl Fremder
ins Land. Es herrscht
eine hohe Inflation. Das
Geld verliert mehr und
mehr an Wert.

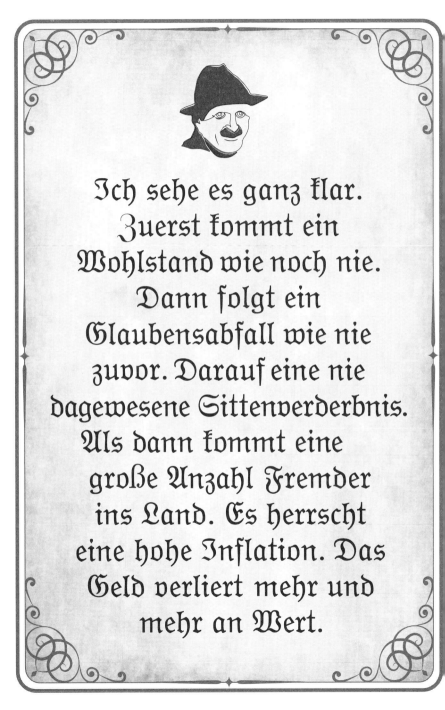

―第三次世界大戦の始まり―

はっきりと見える。
まず、これまでにないほどの
繁栄が訪れる。その後、
これまでにない背教が続く。
そして、前例のない風紀の
腐敗。そして、大勢の見知らぬ
人たちがやって来る。高い
インフレが起こっている。
お金の価値はどんどん
失われる。

【解説】

まさにその通りになりました。１００年前から見れば、現代は経済や物質的な面で、非常に繁栄しているように見えたでしょう。しかし現代では、人々は宗教を捨てて、性に関してフリーになり、道徳心がなくなってきたと感じます。

そして今、ドイツに何百万人もの難民が押し寄せてきていることを、当時の人には絶対に想像できなかったはずです。インフレも起こっており、ドイツの経済はいまだかつてない危機的状況に追い込まれています。まさに的中していると言えるのではないでしょうか。

Die Leute meinen immer,
dass alles so werden
müßte wie sie es
wünschen. Ich aber sehe
noch deutlicher als zuvor,
dass ein neuer Krieg zu
uns kommen wird.

— 第三次世界大戦の始まり —

人々は常に、何でも今まで
どおりに続くと信じている。
しかし、今までよりも、
新たな世界大戦が来ることが
見えている。

➡【解説】

まさに彼の言うことは正しいです。

自分の生活を積極的に変えようとする人はほとんどいません。私たちは日々歳をとり、死に近づいていることに気づいていません。良い人生を楽しんでいる人はとくに、それが永遠に続くと思っています。

第一次、第二次世界大戦を経験した彼は、新たな世界戦争が起こることを、以前よりもさらにはっきりと見えているという事実を言わざるをえなかったのでしょう。

釈迦様が言うには「間違った考え方から抜け出せないことが苦しみの原因」

Die zwei Männer werden
auch den 3. Hochgestellten
umbringen, dort wo die
Sonne aufgeht. Zwei
haben sie schon ermordet.
Sie sind von anderen
Leuten bezahlt worden.
Der Mörder ist ein
kleiner schwarzer Mann,
der andere etwas größer
mit heller Haarfarbe.
Ich denke am Balkan
wird es sein, kann es
aber nicht genau sagen.

―第三次世界大戦の始まり―

ふたりの男が３番目の高位人物
も殺害する。それは太陽が昇る
ところで行われる。彼らは
すでにふたりを殺害し、
そのための金を無関係者から
もらった。殺し屋は背の低い
黒い男で、もうひとりは少し
背が高い明るい髪の色。
もしかしたら地域はバルカンに
なると思うが、具体的には
言えない。

【解説】

これも非常に明確です。３人目の「高位者」（高位の政治家、指導者、大統領など）がふたりの男によって殺害されます（つまり、その前に他のふたりの高位者が暗殺されている）。これが戦争の始まりです。太陽が昇るところとは東。ドイツから見ればロシアが東にありますが、中東の可能性もあります。もちろん東には中国もありますが……。

ふたりの暗殺者はおそらく政治的動機からではなく、契約殺人を犯した可能性が高いでしょう。すると「金を払った無関係者」とは誰になるでしょうか？

ドイツにとって非常に重要なガスパイプラインがウクライナ人３人によって破壊されました。それがロシアの仕業とされましたが、実はその背後にいる資金提供者は、おそらくＣＩＡだと言われています。つまり、何が起きてもおかしくない時代になったということです。

バルカンは東ヨーロッパのいくつかの国にわたる地域です。しかしイルマイヤーは、それが間違っている可能性もあると言っています。彼は何かをはっきりと見ていない場合、または何かを知らない場合、それを正直に躊躇なく認めます。これが彼の発言の信憑性を裏付けているのです。つまり、彼は自分の考え、あるいは解釈を入れずに見えたことだけを伝えています。

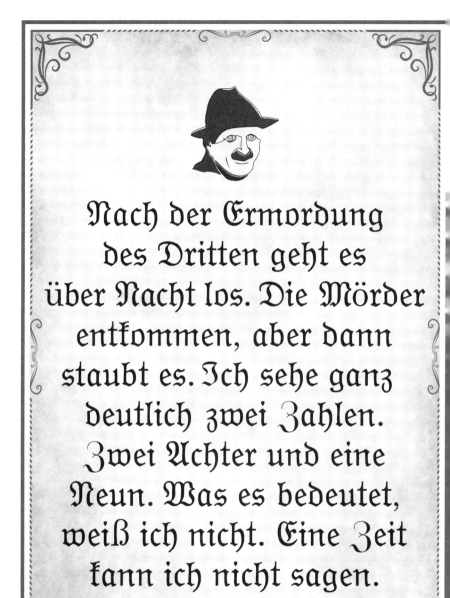

Nach der Ermordung des Dritten geht es über Nacht los. Die Mörder entkommen, aber dann staubt es. Ich sehe ganz deutlich zwei Zahlen. Zwei Achter und eine Neun. Was es bedeutet, weiß ich nicht. Eine Zeit kann ich nicht sagen.

— 第三次世界大戦の始まり —

3番目の男が殺害されると、事は一夜にして始まる。殺人者たちは逃げ出すが、その後は塵が積もる。三つの数字がはっきりと見える。8が二つと9が一つ。意味は分からない。いつかは分からない。

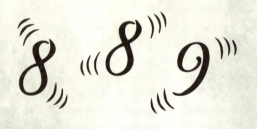

8 8 9

【解説】

「8が二つと9が一つ」とは、何のことでしょうか？　日付か（例えば8月8日午前9時など）。それともクロスサムでしょうか？　当時はデジタル時計がなかったので、時計の意味ではありません。

イルマイヤーは戦争がどのように勃発するかについて、さまざまなビジョンを見てきました。彼の目の前に現れた多くの画像は、複数の恐怖のシナリオを示していますが、「戦争の前に暗殺が起こること」ははっきりと見ました。それが、第三次世界大戦の引き金となります。

彼は単純な言葉で「偉い人」と言いましたが、それは特に地位の高い政治家、つまり大統領や総理大臣を意味しています。

そこから次のような三つのシナリオが考えられます。

《シナリオ1》

ゼレンスキーはこのままプーチンとの対立を続け、それによって全世界の支持を得るという野望を持っています。しかし、トランプはこれに反対しているため、プーチン大統領の側に立つことになります。するとゼレンスキーは忍耐力を失って、プーチン暗殺の指示を出すでしょう。

私には、それは十分に考えられることです。なぜなら、ドイツとヨーロッパにとって最も重要なパイプラインであるノルド・ストリーム2（Nord Stream 2）の破壊の背後にゼレンスキーがいるからです。このパイプラインは、ウクライナ軍関係のダイバーによって爆破されました。（ドイツが過去3年間、ウクライナを支援してきたことを考えると、このテロ行為は前例のない裏切り行為です）

もしプーチン暗殺が成功すれば、ロシア軍はこれを許さず大統領不在であっても報復に訴え出るでしょう。それが引き金となり、世界大戦が勃発します。

ロシア危機について
詳細はこちらへ

《シナリオ2》

まず、ゼレンスキーが暗殺されます（プーチンがそれを命令するかどうかは別にして）。犯人たちは、変な愛国者や狂った国家主義者、元軍人など（つまりロシアの地下組織）であることが十分に考えられます。ウクライナはこれを口実とし、バイデンが贈り物としてタダでくれた中距離ミサイルをついにロシアに向かって発射します。すると、ロシアは長距離ミサイルで対抗し、そのうちの1発が誤ってポーランド（または別の国）に落ちます（イルマイヤーの予言と一致する↓89ページ）。

するると、ポーランドはNATO加盟国であるため、ヨーロッパは攻撃されているとみなして、ロシア軍を爆撃します。ロシアはこれを宣戦布告と受け取り、核兵器や生物化学兵器を使った本格的な戦争を開始します（これもまたイルマイヤーの予言と一致する）。

《シナリオ3》

バイデン元大統領の支持者が、繰り返しトランプ暗殺を試みます。実際に彼を排除しようとする試みがすでに何度も行われましたが、トランプに命の異常はありませんでした。しかし、今回は暗殺に成功。そして攻撃者らは、あたかもロシア人が背後にいるかのように見せかけます。

米国はこの口実を利用し（歴史上、何度もそうしてきたように……）、単独ではなくＮＡＴＯとしてロシアを攻撃します。すると戦争はヨーロッパ全土に広がるので、この続きは皆さんも想像できるでしょう。

暗殺されるのは誰か？

Anfangen tut der von Sonnenaufgang. Er kommt schnell daher. Die Bauern sitzen beim Kartenspiel im Wirtshaus, da schauen die fremden Soldaten bei den Fenstern und Türen rein. Ganz schwarz kommt eine Heeressäule herein von Osten. Es geht aber alles sehr schnell. Drei Striche sehe ich, weiß aber nicht, sind es 3 Tage oder 3 Wochen. Von der goldenen Stadt geht es aus.

―第三次世界大戦の始まり―

日の出とともに始まる。
それは早くやって来る。農民
たちが宿屋でトランプをしなが
ら座っていると、外国兵が窓や
ドアから覗き込む。真っ黒な
軍団が東から入ってくる。
すべてはあっという間に
起こる。３本の線が見えるが、
意味は分からない。
３日なのか、３週間なのか。
それは黄金の都市から
発せられる。

➡【解説】

それは電撃戦に違いありません。しかし、誰も侵略戦争に対する準備ができていません。イルマイヤーは、男たちがワインやビールを飲みながらくつろいで座り、トランプをする祖国の典型的な日曜の朝について語りました。しかし、それがまさに敵の兵士が現れる瞬間なのです。

真っ黒な軍団とはロシアでしょうか？　ロシアの戦車の色はダークグリーンなので、日の当たり方によって黒く見えるかもしれません。ロシア軍がドイツを攻撃するのなら、ウクライナとポーランドを経由する必要があります（つまり東からやって来ます）。

ローマ数字の「3」は「Ⅲ」と書きますが、彼はその意味を取れなかったようです。

私の知る限り、モスクワは金色の屋根の教会を持つヨーロッパ唯一の都市です。クレムリンの周囲には、数多くの黄金の屋根があります。そこから何が発せられるというのでしょうか？

Der erste Heereswurm geht vom blauen Wasser nordwestlich bis an die Schweizer Grenze. Bis Regensburg steht keine Brücke mehr über der Donau. Südlich vom blauen Wasser kommen sie nicht. Der 2. Stoß kommt über Sachsen westwärts gegen das Ruhrgebiet, der von Nordosten westwärts geht über Berlin. Von den 3 Heereszügen wird keiner mehr die Heimat sehen.

— 第三次世界大戦の始まり —

最初の陸軍部隊は、北西の青い海からスイス国境まで進む。レーゲンスブルク（Regensburg）までドナウ川にかかる橋一つも残らない。彼らは青い水より南にはやって来られない。第二の陸軍部隊はザクセン州からルール地方まで進む。第三の部隊は、北東から西にベルリンまで進む。この三つの部隊からひとりも生きて帰れない。

【解説】

ドイツの北西には海があり、そこからドイツを縦断して南下するとスイスに入ります。レーゲンスブルクはドイツの南に位置する街。そこまで橋が一つもない、ということは、すべて爆破または破壊されたことを意味するのでしょう。

結局、彼は戦略をはっきり地理学的に見たようです。

ベルリンは、この3部隊のうちの一つによる攻撃目標となっています。首都ですから当然です。3方向に同時攻撃するという作戦です。これもまた、かなり具体的だと思います。

しかし、ひとりも生きて帰れないということは、攻撃が大失敗するということです。私には、敵（東から攻めてくる黒い軍団）をNATO軍が完全に破壊するとしか解釈できません。

Ich sehe die Erde wie eine Kugel vor mir, auf der nun viele weiße Tauben aus dem heißen Sand aufsteigen. So viele, dass ich sie nicht zählen könnte. Die Tauben werfen ein schwarzen Kästchen über dem Hauptquartier ab und dann ist alles hin. Es regnet einen gelblich grünen Staub in einer Linie. Die goldenen Stadt wird vernichtet, da fängt sie an und geht hinauf bis zu der Stadt in der Buch.

— 砂から出てきたハト —

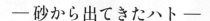

目の前には地球が玉のように
見え、その上にたくさんの白い
ハトが熱い砂の中から立ち
上っている。数え切れないほど
たくさんいる。ハトは黒い箱を
本部の上空に落とし、すべて
駄目になる。黄色い塵が線状に
降る。黄金の都市は破壊
される。その都市から線が
始まり、湾の中の都市に
到達する。

➡【解説】

70年前にドローンは存在しなかったので、彼のビジョンでは、おそらくハトのように見えたのでしょう。

「熱い砂の中から立ち上る」と書かれていますが、ドイツには砂漠がありません。これは中東のことを指すのでしょうか？

「黄色い塵が線上に降る」とは、恐らく強い毒性を持っている兵器、核兵器、あるいは生物兵器が使われるということでしょう。湾の中にある都市は、ヨーロッパの中でとても限られています。

Eine klare Nacht wird es
sein, wenn sie zu werfen
anfangen. Die Panzer fahren
noch, aber die darin sitzen
sind schon tot. Die Menschen
werden ganz schwarz und
das Fleisch fällt ihnen von
den Knochen. Alles wird
sterben. Mensch, Tier und
Gewächs, sogar die
Würmer tief in der Erde,
so stark ist das Gift.

― 核兵器か？ ―

黒い箱を落とし始めるときは、
晴れた夜である。戦車はまだ
進んでいるが、中に座っている
人々はすでに死んでいる。
人々は真っ黒になり、骨から肉
が落ちている。すべてが死ぬ
だろう。人間も、動物も、植物
も、地中深くにいる虫たちも。
それだけ強い毒。

【解説】

人々が焼け焦げ、すべてのものが死ぬとは、まさに広島と長崎の原爆被害にそっくりの状態です。すなわち、敵が核兵器を使う可能性が高いということです。

しかしロシアは、核兵器を使えばアメリカが同じ武器で報復する恐れがあることを知っているので、それを防ぐために、生化学兵器を使ったほうがロシアにとっては有利的な立場になるという戦略もあります。

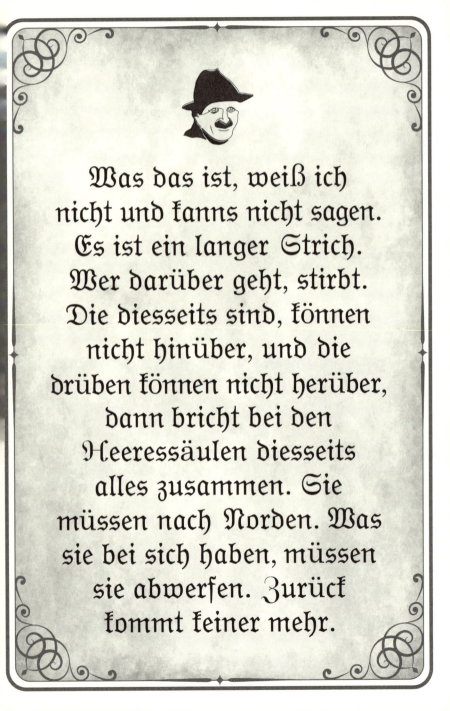

Was das ist, weiß ich nicht und kanns nicht sagen. Es ist ein langer Strich. Wer darüber geht, stirbt. Die diesseits sind, können nicht hinüber, und die drüben können nicht herüber, dann bricht bei den Heeressäulen diesseits alles zusammen. Sie müssen nach Norden. Was sie bei sich haben, müssen sie abwerfen. Zurück kommt keiner mehr.

それが何なのか分からないし
言えない。長い線がある。
それを越えた者は死ぬ。こちら
側の者も渡ることができず、
反対側の者も渡ることが
できない。こちら側の軍団が
崩壊する。北に行かなければ
ならない。彼らは持っている
ものを捨てなければならず、
もう誰も戻れない。

➡【解説】

この透視は恐ろしいものですが、彼にははっきりと見えています。

もしかして、この線とは、黄色の塵が落ちている何百キロもの長さがある線ではないでしょうか。右にも左にも渡れないなら、北か南に逃げるしかありません。それには、風が影響しているのかもしれません。通常、大陸の風は西から吹くので、毒、あるいはウイルスか何かが、風とともに東に運ばれるということです。

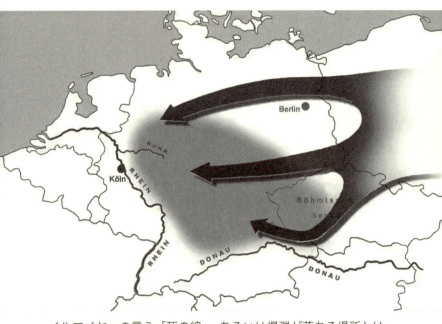

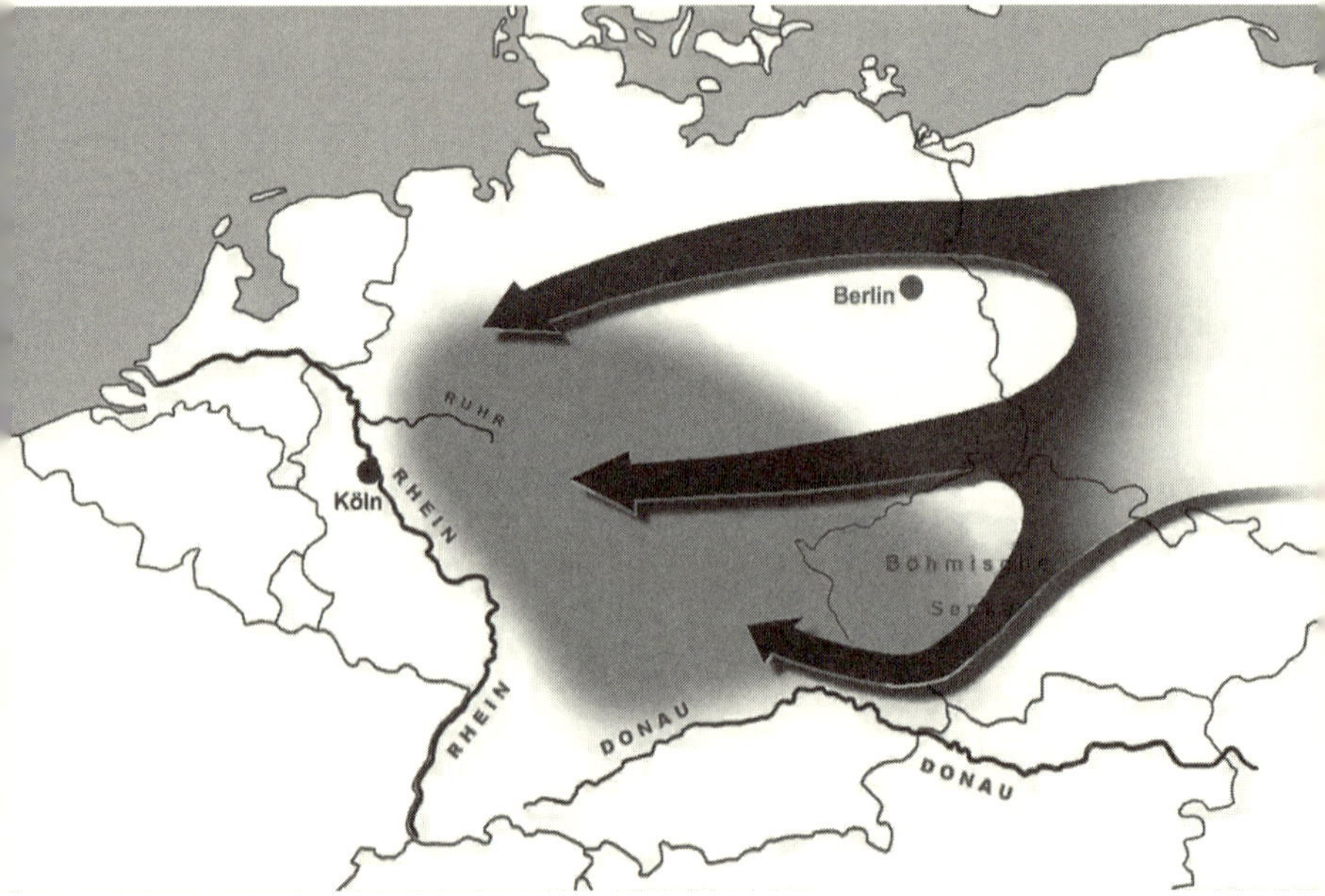

イルマイヤーの言う「死の線」、あるいは爆弾が落ちる場所とは一体どこだろう……。何万人もの人が恐れている。

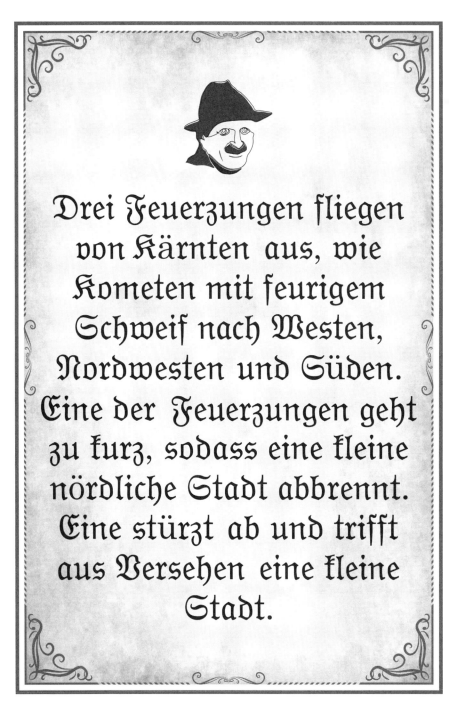

Drei Feuerzungen fliegen von Kärnten aus, wie Kometen mit feurigem Schweif nach Westen, Nordwesten und Süden. Eine der Feuerzungen geht zu kurz, sodass eine kleine nördliche Stadt abbrennt. Eine stürzt ab und trifft aus Versehen eine kleine Stadt.

三つの炎がケルンテン州から
飛ぶ。燃えるような尾をもつ
彗星のように、西へ、北西へ、
そして南に向かって飛び立つ。
１つの炎が短すぎて、北部の
小さな町が全焼してしまう。

【解説】
これは間違って小さな町にミサイルが落ち、全焼させるということでしょうか。

Auch sehe ich ein großes Kreuz am Himmel stehen und ein Erdbeben wird unter Blitz und Donner sein, dass alles erschrickt und die ganze Welt aufschreit: „Es gibt einen Gott!“ Welche Jahreszeit wird es sein? Das kann ich nur alles den Zeichen ablesen. Auf dem Gipfel der Berge liegt Schnee. Es ist trübe und regnerisch und Schnee durcheinander. Hier unten ist es schneefrei. Gelb schaut es her.

空には大きな十字架が見えていて、稲妻と雷鳴を伴う地震が起こる。すべての人が恐怖に陥り、全世界が「神はいる！」と叫ぶ。どの季節だろうか。これは映像からしか読み取ることができない。山の頂上には雪が積もっている。曇ったり、雨が降ったり、雪が降ったりしている。平地には雪がなく黄色く見える。

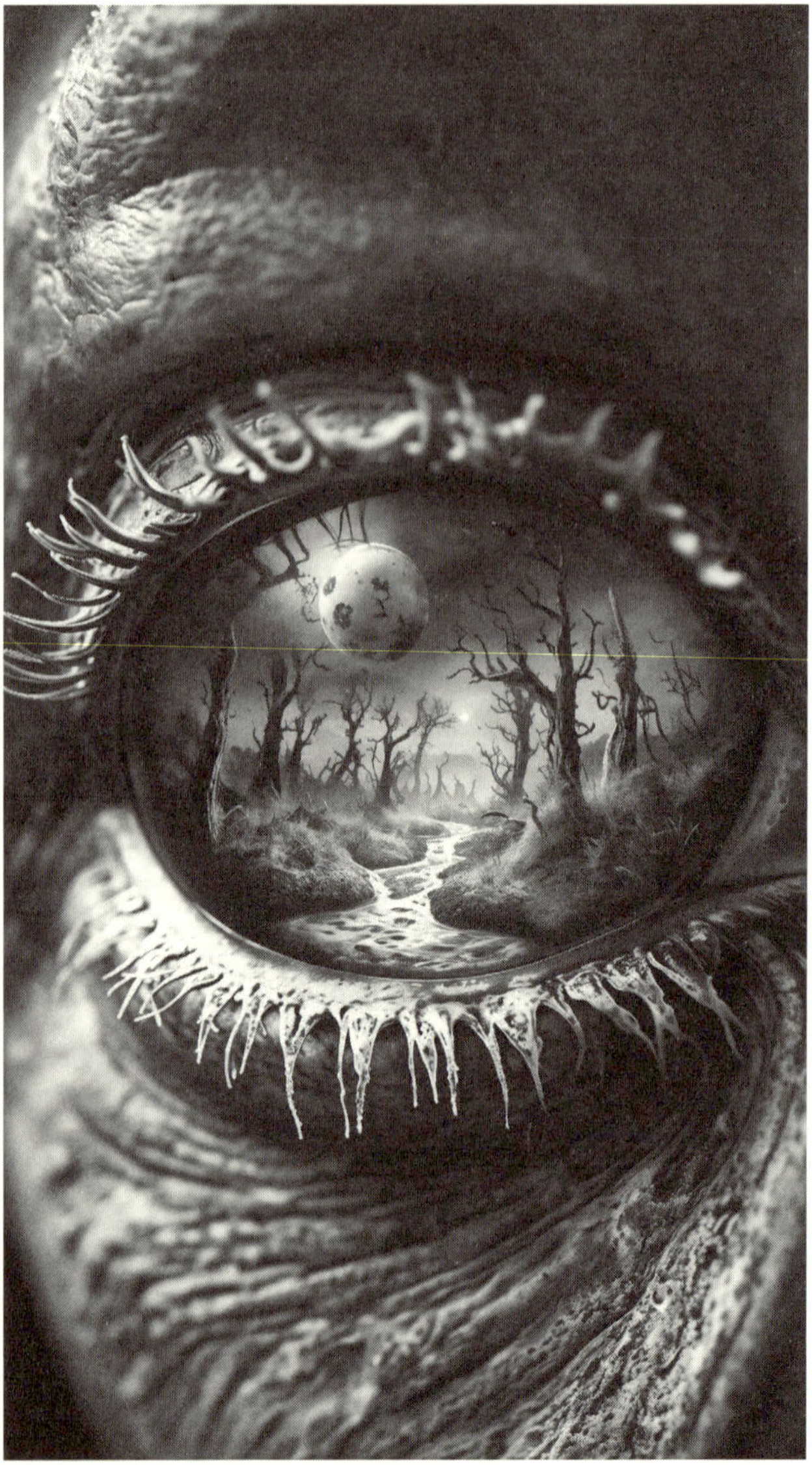

➡【解説】「黄色い平地」とは何のことでしょうか。恐ろしい……。ノーコメント。

Part 3
地獄のような暗闇

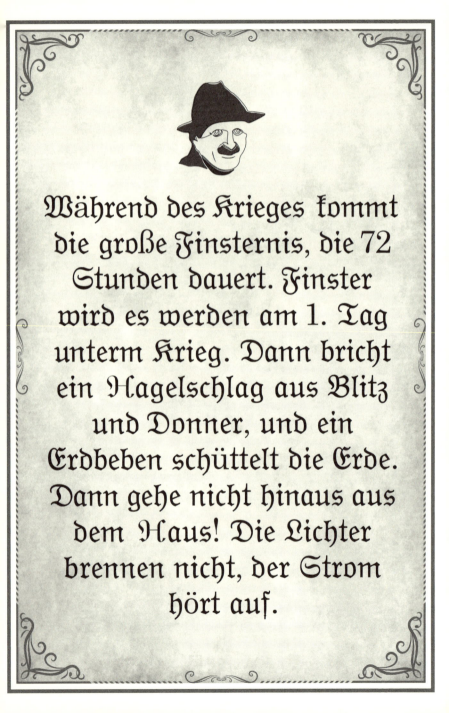

Während des Krieges kommt die große Finsternis, die 72 Stunden dauert. Finster wird es werden am 1. Tag unterm Krieg. Dann bricht ein Hagelschlag aus Blitz und Donner, und ein Erdbeben schüttelt die Erde. Dann gehe nicht hinaus aus dem Haus! Die Lichter brennen nicht, der Strom hört auf.

戦争中に 72 時間続く大きな
暗闇が訪れる。偉大なる闇。
戦争中のある日、真っ暗に
なる。その後、稲妻と雷が
発生し、地震が起こる。
そのとき、絶対家を出ては
いけない！　電気が止まって
電気製品が使用不能になる。

➡【解説】

72時間も続く突然の暗闇とは見当がつきません。日食や月食であれば数分から数時間で終わりますし、外に出てはならないという危険もありません。

すると、自然現象ではなく、人工的な恐ろしいものということでしょうか……。

その間、すべての電気機器（ランプ、テレビ、電話など）が使えません。懐中電灯のような電池式の機器も点灯しない可能性があります。なぜならば、彼が蝋燭（ろうそく）の明かりだけが使えると具体的に明言しているからです（98ページ参照）。

72時間という予言はすごく具体的です。それを生き残ることができれば、もう大丈夫。ですが、第一次と第二次世界大戦を合わせた死者よりも犠牲が出るというのは恐怖そのもの。（101ページ参照）

Wer den Staub einatmet, kriegt einen Krampf und stirbt. Macht die Fenster nicht auf, hängt sie mit schwarzem Papier zu. Alle offenen Wasser werden giftig und alle offenen Speisen, die nicht in verschlossenen Dosen sind. Auch keine Speisen in Gläsern, die halten es nicht ab. Draußen geht der Staubtod um. Es sterben sehr viele Menschen. Nach 72 Stunden ist alles wieder wie vorher. Während dieser Zeit wirst du bekannte Stimmen von draußen hören. Diese werden wimmern, betteln und winseln. Aber noch einmal sage ich es: Gehe nicht hinaus, schau nicht beim Fenster hinaus. Lass die geweihten Kerzen oder den Wachsstock brennen und bete.

粉塵を吸い込んだ人はけいれんを
起こして死ぬ。窓を開けずに黒い紙
で覆わなければならない。外の水は
すべて有毒になり密閉された缶に
入っていない食べ物もすべて毒に
なる。グラスに食べ物を入れては
いけない。グラスは毒を防げない。
外では粉塵による死が広まって
いる。大勢の人が死んでいる。72
時間で終わる。その間あなたが聞き
慣れた声が外から聞こえてくる。
その声は懇願し、泣き叫ぶだろう。
では、もう一度言う。外に出ては
いけない。窓の外を見てはいけ
ない。神聖な蝋燭、または蝋の棒を
燃やし続けて祈ることだ。

【解説】

粉塵で人がなぜ死ぬのでしょうか？　ウイルスか、生物兵器か、強い毒か、それは不明です。

窓を黒い紙で覆うのはなぜでしょうか？　外に起きる恐ろしいことを見ないため、光線を防ぐため、それとも外の人間、あるいは霊が家の中を覗くことを防ぐため……。具体的な記述はありませんが、どちらにしても不気味な感じがします。

「神聖な蝋燭」を日本の文化に置き換えると、蝋燭と線香に火をつけて、仏像や神の絵などの前に座って祈ること、あるいは、お経を唱えることです。

泣き叫ぶ聞き慣れた声とは、お隣さんでしょうか？　それとも生物兵器によって神経がやられた結果の幻聴？　あるいは悪魔の仕業？　何か（邪霊）がやって来るのでしょうか？

Über Nacht sterben mehr Menschen als in den 2 Weltkriegen zusammen. Kaufe ein paar verlötete Blechdosen mit Reis und Hülsenfrüchten. Brot und Mehl hält sich, Feuchtes verdirbt, wie Fleisch, außer in blechernen Konserven. Wasser aus der Leitung ist genießbar, nicht aber Milch. Recht viel Hunger werden die Leute so nicht haben während der Katastrophe und Finsternis. Das Feuer wird brennen, aber macht während der 72 Stunden kein Fenster auf. Die Flüsse werden so wenig Wasser haben, dass man leicht durchgehen kann.

二つの世界大戦を合わせたよりも多くの人が、この3日間で死に絶える。暗闇を生き延びる方法。米と豆類の缶詰をいくつか購入して保存すること。パンと小麦粉のように乾燥したものは持つが、肉のような湿ったものは腐る。水道から出る水は飲めるが、牛乳は飲めない。大惨事と暗闇のとき、人々はあまり飢えることはない。薪ストーブは使えるが、使用中72時間は窓を開けてはいけない。川の水量は少ないので渡りやすいだろう。

➡【解説】

確かに、肉のような生ものは腐りますが、缶詰ならOK。牛乳の代わりに、缶詰の練乳（コンデンスミルク）を用意することはできます。

薪ストーブは酸素を大量に使うので、酸欠や二酸化炭素中毒になります。しかし、窓を絶対に開けてはいけないと言っています。

川の水量はなぜ減るのでしょうか？　蒸発するのか？　核の影響か？　不明。

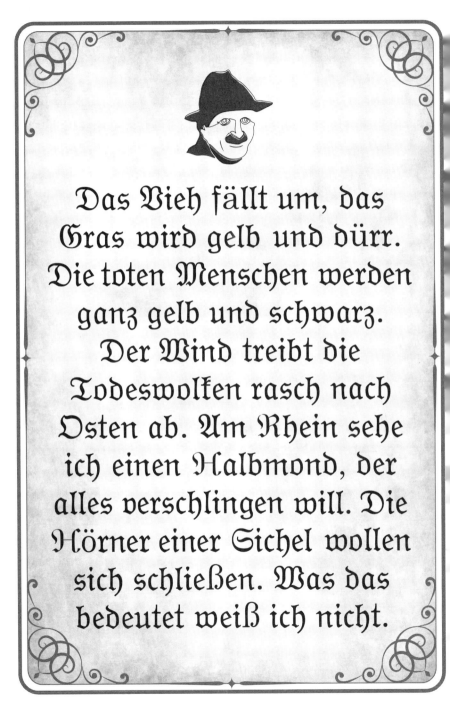

Das Vieh fällt um, das Gras wird gelb und dürr. Die toten Menschen werden ganz gelb und schwarz. Der Wind treibt die Todeswolken rasch nach Osten ab. Am Rhein sehe ich einen Halbmond, der alles verschlingen will. Die Hörner einer Sichel wollen sich schließen. Was das bedeutet weiß ich nicht.

牛は倒れ、草は黄色く枯れてしまう。死んだ人は真っ黄色と黒色に変わる。風が死の雲をすぐに東へ吹き飛ばす。ライン川に見えるのは、すべてを貪り食おうとする三日月だ。三日月の口が閉じようとしている。
それが何を意味するのか
分からない。

【解説】

三日月が口を閉じるとは、もしかして「月食」でしょうか？

それがいつかは指定されていません。戦前か、戦後か、あるいは戦中か？

そもそも、このビジョンは月に関連するのでしょうか。それとも他のものでしょうか。

例えば、トルコの国旗には月のマークがあります。ドイツでは現在、トルコ人の移民の割合が一番多いです。これはトルコのことを意味しているのでしょうか。

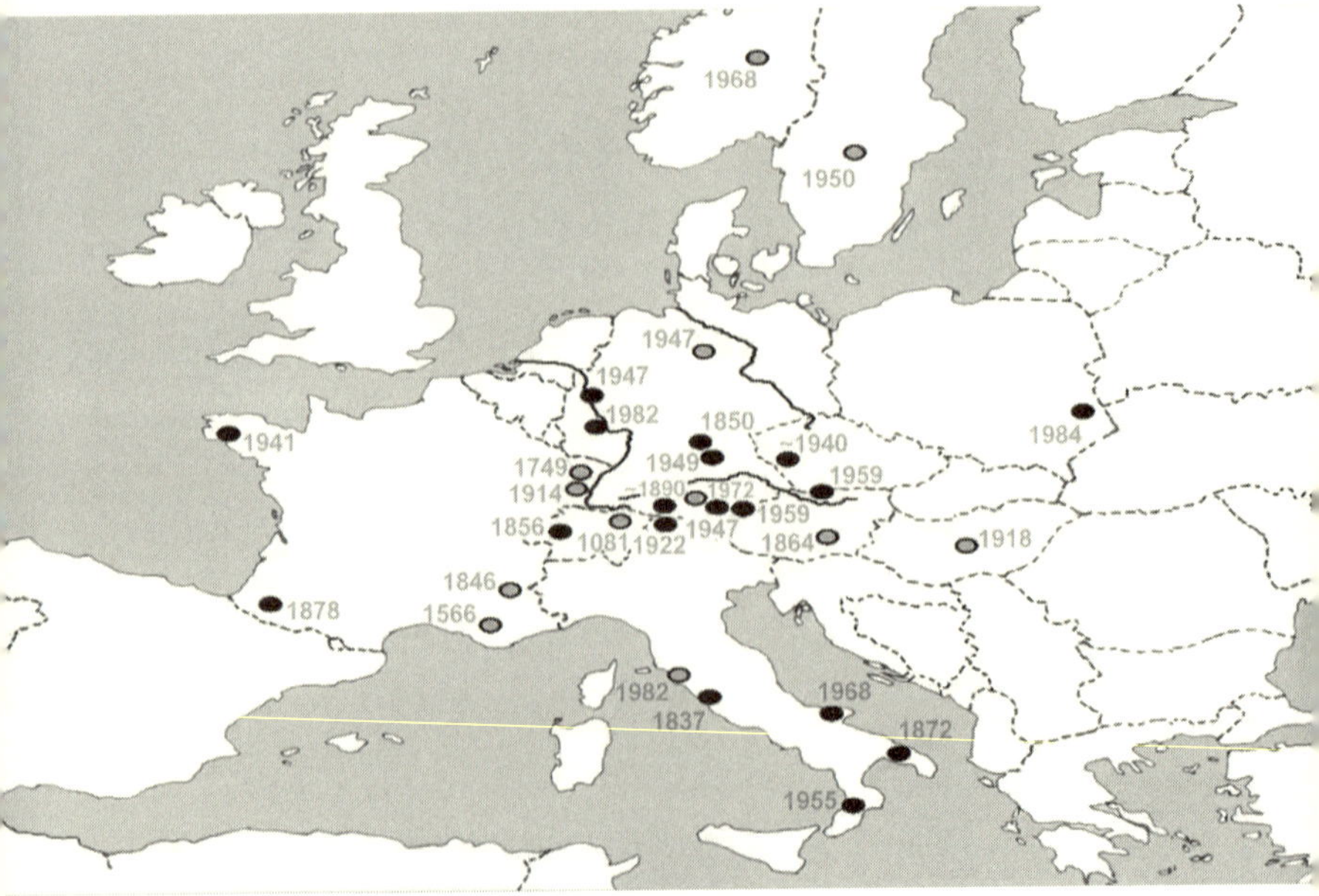

ヨーロッパに関する予言を研究しているドイツ人専門家ステファン・ベルント氏によると、イルマイヤー以外にも 50 人もの透視者が、この「3 日間の暗闇」と同様の予言を行っているといいます。
彼は詳細な調査から、地図に予言された場所を書き込みました。地図上の黒い点は実際に起こる確率が最も高い地域で、グレーの点は次に起こる確率の高い地域です。
このように、ヨーロッパで高名な予言者たちが、同じことを予言しているとは驚くべきことで、実際に起こる可能性は高いと言えるでしょう。
しかし、日本にも影響があるかどうかのヒントは残念ながらありません。

Part 4
大惨事の後

Ich sehe drei Neuner. Der 3.
Neuner bringt den Frieden.
Das Grün ist grüner geworden,
weil das Licht anders ist. Das
Klima hat sich verändert. Es ist
alles wärmer geworden, auch bei
uns, und Südfrüchte wachsen wie
in Italien. Wenn alles vorbei ist,
da ist ein Teil der Bevölkerung
dahin und die Leute sind wieder
gottesfürchtig. Die Gesetze, die
den Kindern den Tod bringen,
werden ungültig.

災害後、９が三つ見える。
３番目の９は平和をもたらす。
自然の緑がより青くなって
いる。なぜなら、光が変わり、
気候が変わったから。どこも
かしこも暖かくなり、イタリア
のようにトロピカルフルーツが
実っている。すべてが終わると
人口の一部がいなくなり、人々
は再び神を信じることになる。
子供達に死をもたらす法律は
無効に。

999

➡【解説】

「6が三つ＝666」が悪魔のシンボルということは、日本の皆さんもご存じでしょうが、「9が三つ＝999」は神のシンボルです。つまり、神の時代、平和の時代がやって来るということです。

そのとき気候が変わるのは、私から見れば、単なる地球温暖化ではありません。地球では何十万年ごとに「磁極交替（ポールシフト）」が発生し、過去に11回も行われたといいます。それは、地球の南北の磁場が逆になるということです。研究者によると、最後の磁場変化は80万年前に行われました。そのときは激しい気候の変化が起きたといわれます。もしかして、次は戦争と同時に起こるのかもしれません。

Wenn es herbsteln tut, sammeln sich die Völker wieder. Zuerst ist noch ein schreckliche Hungersnot, aber dann bricht die Sonne wieder durch und es kommen so viele Lebensmittel herein, dass alle satt werden. Die Landlosen ziehen jetzt dahin, wo eine Wüste entstanden ist und jeder kann siedeln wo er will und soviel anbauen als er bewirtschaften kann. Nach diesen Ereignissen kommt eine lange glückliche Zeit. Wer es erlebt, darf sich glücklich preisen.

秋になるとまた人が集まる。
最初はひどい飢餓があるが、
その後、再び太陽が出てきて、
みんなが満腹になるように多く
の食べ物が入ってくる。土地の
ない人々は、砂漠が出現した
場所に移動して、誰もが望む
場所に定住し、好きなように
土地を耕すことができる。
これらの出来事の後には、長い
幸せな時間が続く。それを体験
した人たちはきっと幸せ
だろう。

【解説】
　ここでようやく幸せなときが訪れると言っています。
　それは本当に長く続くのでしょうか……。

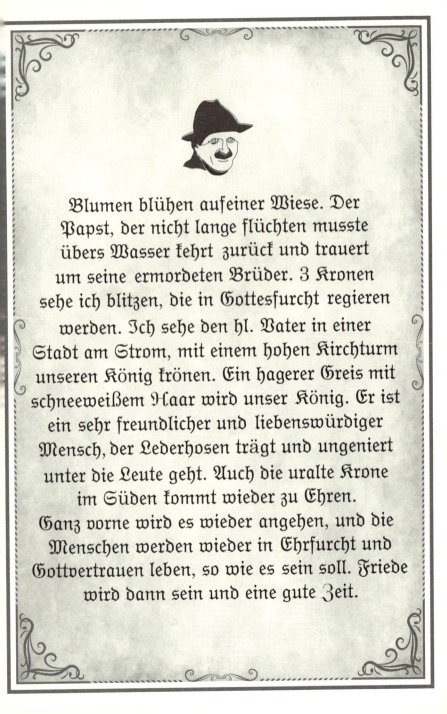

Blumen blühen aufeiner Wiese. Der Papst, der nicht lange flüchten musste übers Wasser kehrt zurück und trauert um seine ermordeten Brüder. 3 Kronen sehe ich blitzen, die in Gottesfurcht regieren werden. Ich sehe den hl. Vater in einer Stadt am Strom, mit einem hohen Kirchturm unseren König krönen. Ein hagerer Greis mit schneeweißem Haar wird unser König. Er ist ein sehr freundlicher und liebenswürdiger Mensch, der Lederhosen trägt und ungeniert unter die Leute geht. Auch die uralte Krone im Süden kommt wieder zu Ehren.

Ganz vorne wird es wieder angehen, und die Menschen werden wieder in Ehrfurcht und Gottvertrauen leben, so wie es sein soll. Friede wird dann sein und eine gute Zeit.

草原に花が咲いている。海を渡って
長い間逃げる必要がなくなった教皇
が戻ってきて、殺された兄弟たちを
悼む。三つの王冠が点滅しているの
が見えて、神に従いながら政治を
するようになるだろう。教皇は王
たちに冠を授ける。それは高い教会
のある街で行われる。真っ白な髪を
した痩せた老人が私たちの王に
なる。彼はとても親切で愛想の良い
人で、革ズボンを履いて、恥ずかし
がらずに社交的である。南部の古代
の王冠も再び讃えられている。物事
は再び最前線から始まり、人々は
再び神を畏敬しながら生きるように
なるだろう。平和と楽しい時代が
始まる。

➡【解説】

教皇の「殺された兄弟たち」とあるのは、人々が教会の代表者たちを憎んでいるということかもしれません。しかし、王様の時代が再び始まるようです。

「革ズボン」はドイツの伝統的な男性の衣装です。南ドイツでも王が選ばれるのでしょう。

「最前線から始まる」というのは、すべてが一度「ゼロ」になるということでしょうか？　その後の記述も、磁極の変化（ポールシフト）の影響だと思われます。

Part 5
ヨーロッパの運命

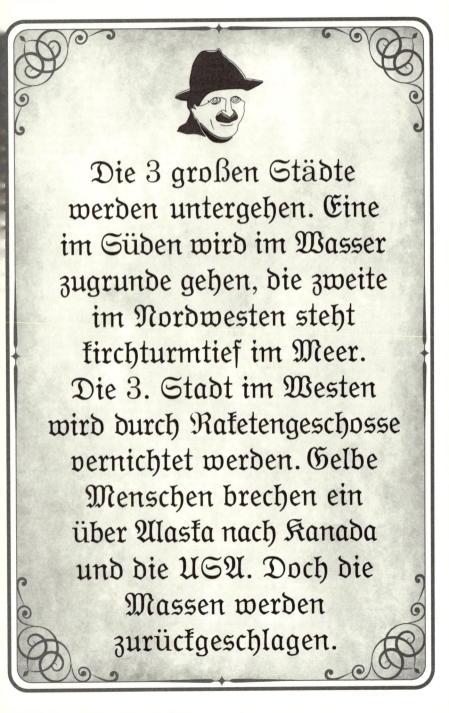

Die 3 großen Städte werden untergehen. Eine im Süden wird im Wasser zugrunde gehen, die zweite im Nordwesten steht kirchturmtief im Meer. Die 3. Stadt im Westen wird durch Raketengeschosse vernichtet werden. Gelbe Menschen brechen ein über Alaska nach Kanada und die USA. Doch die Massen werden zurückgeschlagen.

― 三つの都市 ―

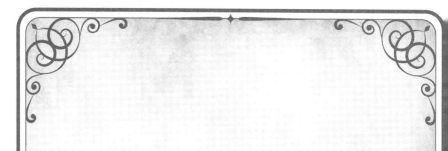

三大都市が滅びる。南の一つ目は水の中に滅びゆく。二つ目の都市は北西にあり、教会の塔の先まで海に沈んでいる。三つ目の都市は西側にあり、ミサイルの攻撃で破壊されるだろう。
黄色い人種がアラスカ経由でカナダとアメリカに侵入する。
その大勢が止められる。

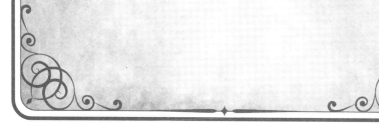

➡【解説】

ドイツの南部には海がないので、水の中に沈む南の都市とはヴェネツィアでしょうか？

北西にある都市とはハンブルクでしょうか（海に近い）。西側にある都市とはケルン、またはデュッセルドルフか？

「黄色い人種」が侵入するというのは、ロシア内のアジア系人種が大移動するのかもしれません。もしくは、北朝鮮の兵士たち？

Im Stiefelland bricht eine Revolution aus. Ich glauben, es ist ein Religions-krieg weil sie alle Geistlichen umbringen. Ich sehe Priester mit weißen Haaren, tot am Boden liegen. Hinter dem Papst ist ein blutiges Messer, aber ich glaube, er entkommt ihnen im Pilgerkleid. Er flieht nach Südosten über das große Wasser, genau kann ich es nicht sehen.

—イタリアの運命—

ブーツの国で革命が勃発する。
彼らは聖職者を大勢殺している
ので、これは宗教戦争ではない
かと思う。白髪の司祭たちが
地面に横たわって死んでいるの
が見える。教皇の後ろには
血まみれのナイフがあるが、
教皇は巡礼服を着て逃走した
ようだ。彼は大きな水を渡って
南東に逃げるが、はっきり
見えない。

【解説】

おそらくこれは、キリスト教の代表者たち（教会）が悪魔と握手したために、大勢の国民が怒って復讐したのではないかと予想できます。

その一番の怒りが教皇に向かったため、彼が逃げ出したとしか私には解釈できません。

Ein einzelnes Flugzeug, das
von Osten kommt, wird nach
Westen fliegen und etwas ins
große Wasser fallen lassen.
Da hebt sich das Wasser wie
ein einziges Stück turmhoch
und fällt wieder herunter.
Das Meer ist sehr unruhig,
haushoch gehen die Wellen,
schäumen tut es, als ob es
unterirdisch kocht.
Ziel verfehlt?

―イギリスの運命―

東から来た１機の飛行機が西に
飛び、何かを大きな水に
落とす。水面がものすごく高く
上がって、また落ちる。海は
とても荒く、波は高いビルの
ように上がり、まるで海の底
から湧いているかのように
泡立っている。

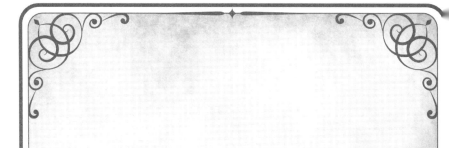

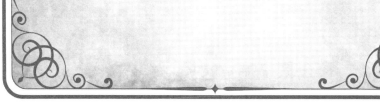

➡【解説】
爆撃機が落とした爆弾が的を外して、
海に落ちた描写だと思われます。

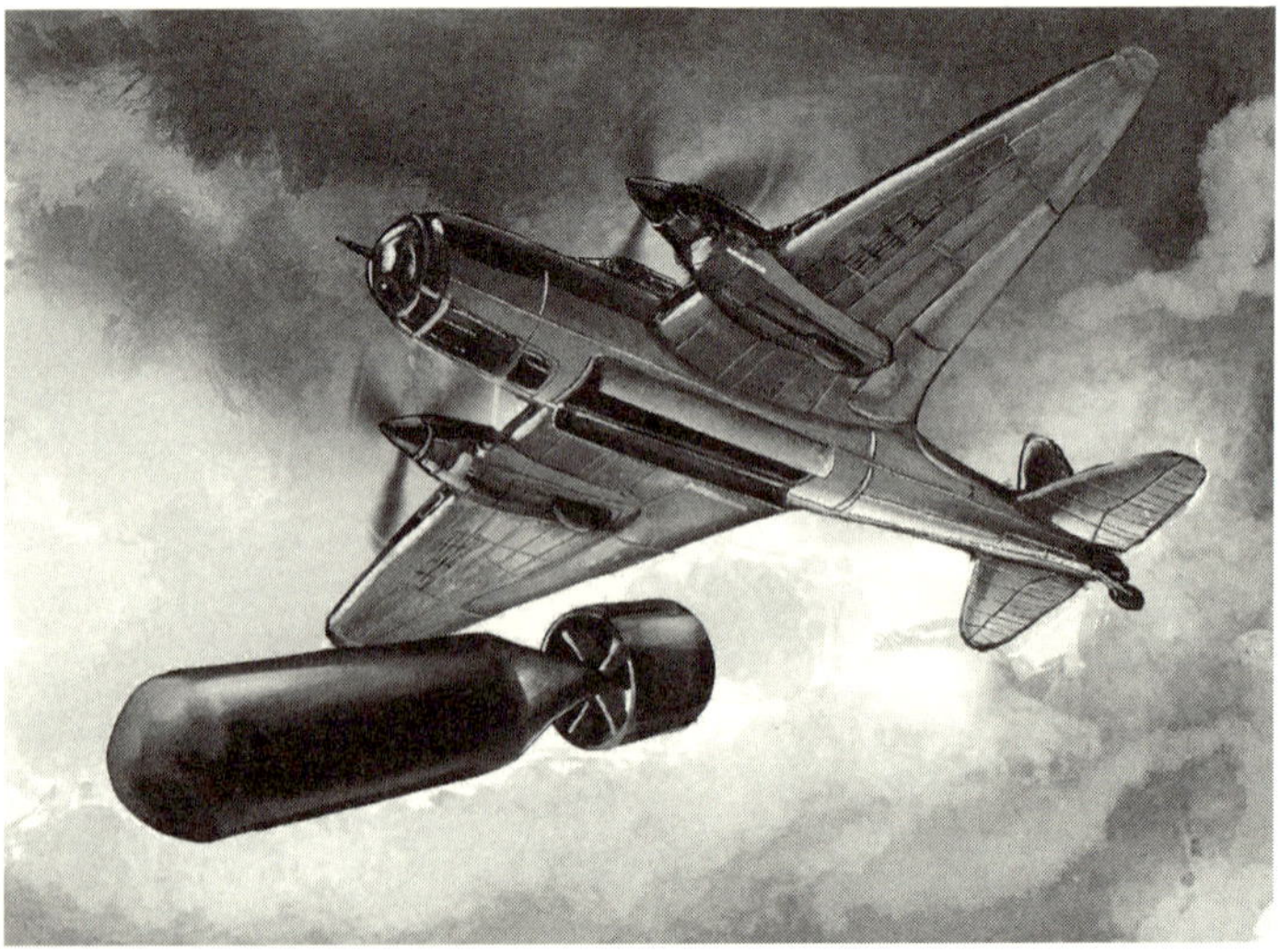

Der südliche Teil Englands rutscht ins Wasser ab, aber der größte Teil wird überschwemmt, so dass nur noch die Baumspitzen aus dem Wasser ragen. Auch die meisten Länder an den Meeresküsten werden überflutet. Durch ein zeitgleiches Erdbeben wird sich ein neues Land aus dem Ozean erheben. Dieses Land war schon früher einmal da. Das Klima ändert sich.

― イギリスの運命 ―

英国の南部が水に滑り込んで、
大部分が浸水し、水面に突き
出ているのは木のてっぺん
だけ。海岸沿いのほとんどの国
が洪水に見舞われるだろう。
同時に地震が発生すると、
海から新しい陸地が隆起する。
この国は以前にもここに存在
したことがある。そして気候が
変わる。

【解説】

海面が上昇してイギリス南部の一部が水没することになると言っています。おそらく磁極移動（ポールシフト）により、地球規模で変動が起こる暗示かもしれません。

そして、再び隆起する陸地とは、アトランティス大陸ではないでしょうか。

アトランティスのイメージ

Da bricht eine Revolution aus und ein Bürgerkrieg. Die Leichen sind so viele, dass man sie nicht mehr wegbringen kann von der Straße. Das russische Volk glaubt wieder an Christus und das Kreuz kommt wieder zu Ehren. Die Großen unter den Parteiführern bringen sich um und im Blut wird eine lange Schuld abgewaschen. Ich sehe eine rote Masse, gemischt mit gelben Gesichtern. Es ist ein allgemeiner Aufruhr und grausiges Morden. Dann singen sie das Osterlied und verbrennen Kerzen vor schwarzen Marienbildern. Durch das Gebet der Christenheit stirbt das Ungeheuer aus der Hölle. Auch die jungen glauben wieder an die Fürbitten der Gottesmutter.

―ロシアの運命―

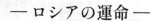

革命が起こり、内戦が勃発する。
あまりにも多くの遺体があるので、
路上から運び出されなくなって
いる。ロシア国民は再びキリストを
信じ、十字架が再び尊ばれる。偉大
な党の指導者たちが殺し合い、長年
の罪が血で洗い流される。黄色い顔
が混ざった大勢の群衆が見える。
どこでも恐ろしい陰惨な殺人と暴動
が発生している。最後に、彼らは
聖母マリアの黒い絵の前で蝋燭を
灯し、復活祭の歌を歌う。
キリスト教の祈りによって、地獄の
悪魔は死ぬ。若者たちはまたマリア
の力を信じ始める。

➡【解説】

この予言から言えば、ロシア政権に対して国民が蜂起したようです。これは、内戦状態を表していますが、兵士が誰も生きて帰れないと書いてあったので、クレムリンへの国民の復讐か、それとも……。

ロシア国民が再びキリストを信じるというのは、イルマイヤーの希望的観測かもしれません。というのは、イルマイヤーは敬虔なキリスト教信者でしたが、第一次世界大戦、第二次世界大戦中の彼が若者だった頃に、背教があったからです。戦時中の殺戮を目の当たりにすると、人は宗教を信じられなくなるのでしょう。

イルマイヤーの透視は、当然キリスト教の世界観により成り立っています。

その透視によると権力争いによる人間の戦争があり、同時に天変地異が起こると、地球規模での霊的進化が成し遂げられるのでしょう。そして最後に、悪魔のようなものとの対決に勝って、再びイエスの教えに導かれるのかもしれません。

日本では、どのような未来が待っているのでしょうか——。

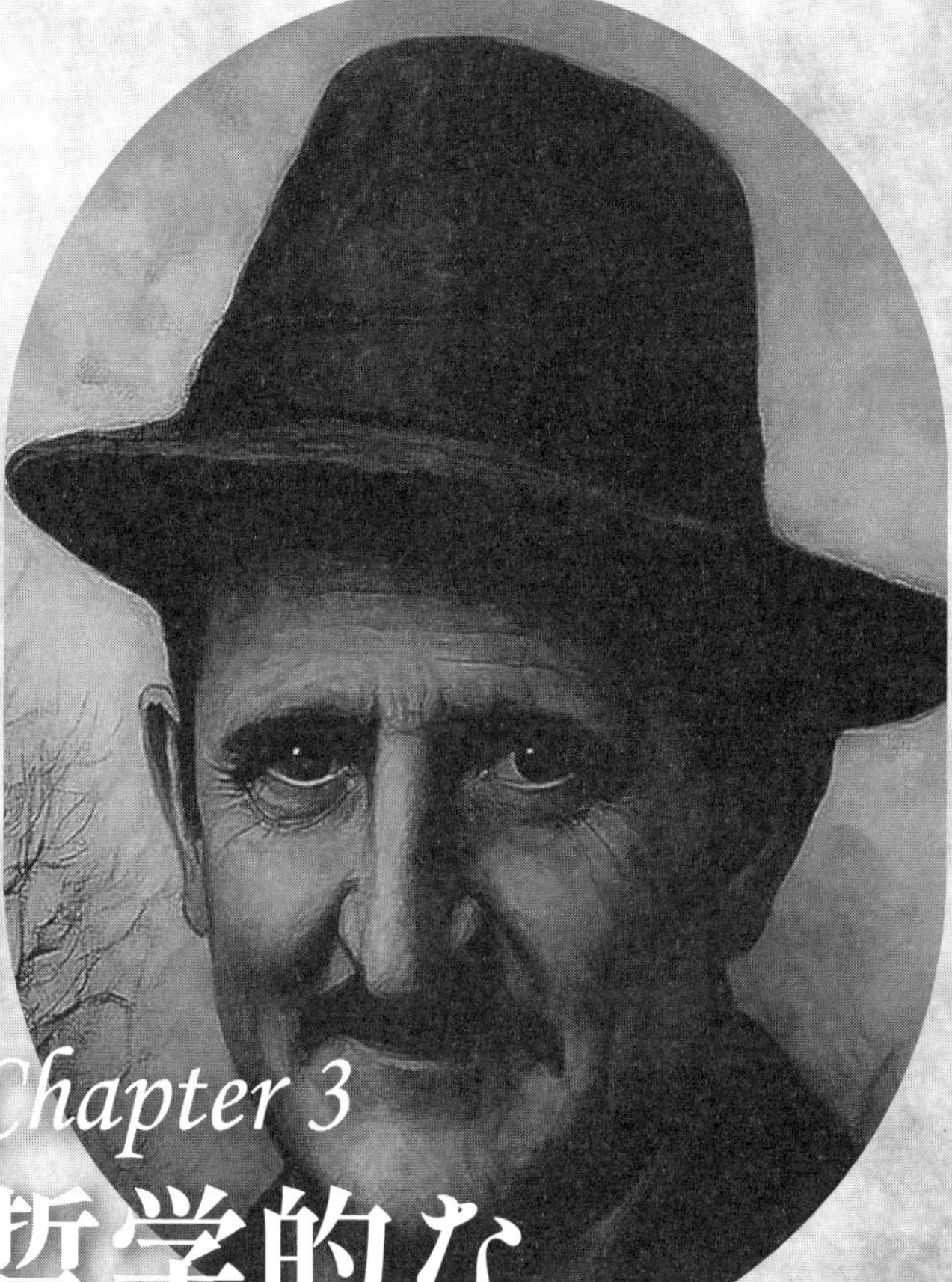

Chapter 3
哲学的な考察
philosophical considerations

戦争とは？

戦争について知ろうとするとき、資料や映像、さまざまな文献にあたることはできますが、どんなに恐ろしいものであるかは結局、体験した者にしか分かりません。

私たちの祖父母世代の大多数は、戦争と戦後の混乱を体験したはずです。私の日本の義母が語ったのは、戦争中は常に非常な緊張状態にあり、人々の恐れがあまりに大きかったため、女性たちは生理が完全に止まってしまったこと。戦争の終わりには、多くの日本人が何か月も草を食べ、タバコの吸い殻を拾って売るしか生き延びるすべはなかったなど、そのつらい体験でした。

ドイツは日本と同じく第二次世界大戦で敗戦国となりました。私の生まれ故郷であるトリーアは、町の8割が破壊されました。

戦争が終わったとき、父は10歳でした。彼は母親とともに田舎に逃げて、そこで物乞いをして生き残ったといいます。大都市では食べるものが何もなくなったからです。多くの線路が爆弾によって破壊され、電車は一部の路線しか運行できなくなりました。

彼の父（私の祖父）は兵士としてアフリカに行くことを余儀なくされました。戦後、祖父が帰国して玄関に立ったとき、父は彼に気づかなかったといいます。「あなたは誰ですか？」と、その〝見知らぬ人〟に尋ねました。たった3年で祖父の容姿は、それほど変わったということです。

しかし、多くの父親は家に戻りませんでした。

私の母は田舎育ちで、両親は農業で生計を立てていました。

8歳のとき、彼女は牛たちと一緒に扉の開いた納屋にいました。すると、突然50メートル離れたところで、アメリカの手榴弾が爆発しました。その圧力波が余りにも強かったため、彼女は後ろに吹き飛ばされたといいます。

幸運にも干し草の上に落ちましたが、その恐怖は母の中に長く残り続け、牛たちは何日間も乳を出せなかったと語りました。

ドイツでは、60年代と70年代の政治家が史上最高だったと言われています。彼らは素晴らしい人格で、人間としての大きな器を持っていました。同じようなことが、J・F・ケネディ大統領にも言われます。彼も例外的な優れた指導者であり、人気のあった人物でした。

これらの英雄的な政治家は、戦争の再発を防ぐために全力を尽くし、世界平和と国民の幸福のために、自らの命を犠牲にしてもいいという立場でいました。それはなぜでしょうか？

彼ら自身が戦争の悲惨さを体験してきたからです。戦争（及びその他の災害）のことについて、本で勉強するだけでは理解できません。

戦後の日本にも、政治や産業界に偉大な人物が現れました。ソニーの創業者である盛田昭夫は、自伝の中で戦争について多くのことを書いています。その他にも松下幸之助、本田宗一郎、土光敏夫など——彼らは皆、戦争を生き延び、戦後の社会に貢献したいと考え、それを実行しました。

残念ながら、この崇高な動機は現在まで続いているとはいえません。だからドイツもコイツも（日本も）優れた政治家が生まれていないのです。

両国の指導者はアメリカ式の考え方を受け入れて、強欲と利己的な権力を優先し、国民の幸福などは、ほとんど考えていません。両国とも、もともとあった素晴らしい伝統的な価値観を喪失するか、あるいはアメリカの〝価値観〟と交換してしまい、享楽的な文化に浸っています。

その結果、人々は愚かになり、政治家は腐敗し、産業界は人のためではなく自社の利益のことしか考えなくなりました。

結局、神を知らず、昔の知恵を知らず、人間はただの消費者に変わってしまったのです。

一つの例として、1年で最も神聖な祭日であるクリスマス（日本のお正月に相当）の意味を理解する欧米人がほとんどいなくなりました。その祭日の意味を無視して、ただ飲んで騒いで過ごしているだけです。

2004年のヨーロッパのクリスマスの祝日に、東南アジアに大地震が発生したのち大津波に襲われ、ビーチやホテルで酒を飲んで酔っていた何万人ものヨーロッパ人が逃げられずに、亡くなりました。もしかして、これは天罰ではないかと。

あくまで私の個人的な意見ですが、戦争にも災害にも何らかの天のメッセージが含まれているのではないでしょうか――。

2024年1月1日に能登半島地震が起こったのは偶然ではない、と私は考えています。このような大震災が、新しい神を迎える元旦に起こったのは初めてのことでした。もしかして、日本の神々は怒っているのではないか？

言い換えれば、人々を目覚めさせるには、神々（あるいは宇宙のインテリジェンス）が何か対策をすることが必要となります。そうすると、人類は一度リセットされ、改めてゼロから始めるしかありません。

こうしてみると、戦争や大災害は、必ずしもネガティブなものではないという考えもあります。私は人々が〝天の警報〟なしに自ら考え直すことを望みますが、残念ながら、そこまで気がつく人は少ないでしょう。

価値観の戦争になるか？

戦争の原因はさまざまです。領土をめぐる戦いもあれば、隣り合った国の為政者の個人的な理由（妬みなど）もあります。それ以外に、宗教戦争も全世界で発生しました。日本でも禅宗の僧がお互いに殺し合ったり、寺に火をつけたりした時代がありました。

そういった明らかな理由は別にして、大勢の国民の抑えられた不満が最高潮に達して戦争になることがあります。それが、中東とアメリカの間に今まで起きた数々の戦争の本当の理由ではないでしょうか。つまり、アラビア系の人たちが、アメリカの強い文化的な、あるいは政治的な影響にうんざりしているということです。

私が世界中を旅していたとき、アラブや中東の人たちとの出会いがいくつかありました。彼らは腹を割って、世界のことをどう見ているかといった意見を自由に話してくれました。すると、これらの国で進んでいるアメリカ化に対して、かなり反発が強いことが分かりました。具体的には、彼らの何千年前からの伝統的な生活と知恵が、アメリカの影響で消えていくことを恐れているのです。

その懸念はもっともだと私は思っています。インターネットで調べたところ、イスラム諸国の離婚率は、過去40年間で２００パーセント上昇しています。

これはおそらく、アメリカのテレビシリーズを見たり、インターネットを利用したりできるようになったせいでしょう。それによってイスラムの人々は人生について間違った考えやインスピレーションを得ています。

古き良き家族の価値観は、アメリカの生活様式に置き換えられています。社会に良い影響を与えてきた伝統が、西洋の生活様式によって覆されようとしており、離婚は家族の価値観の喪失だけでなく、精神的健康の喪失も引き起こしています。

イスラム諸国の離婚率
増加について
詳細はこちらへ

私は、これが良いことか悪いことか、判断しないようにしています。しかし、ドイツ人や日本人が、アメリカの価値観の侵入を防ぐために、アラブや中東の人たちのような闘志を少しでも持っていたらいいのにと思います。そうでないと、我々はアメリカの文化的な〝植民地〟になってしまうのではないでしょうか。

忍び寄るアメリカの考え方に、日本人はほとんど気づいていないか、気づいていても良しとしています。それと違って中東の国々は反発して、その伝統的な価値観がアメリカに取って代わられないように意識しています。

ドイツは、日本と同様に、アメリカとの戦いに敗れました。それ以来、両国は戦勝国からの制約を受けて、もはや完全に自由ではありません（つまり主権がない）。極端なフェミニズムや性の解放など、多くのイデオロギーがアメリカから自由に移行してきています。

西洋ではレズビアンやゲイの数が劇的に増加しています。ドイツでは同性婚がすでに合法化されており、そのようなカップルが子供を育てることさえあります。そのため、一部の子供はふたりの父親またはふたりの母親のもとで育ちます。こうした展開は、どこで終わるのでしょうか？

イスラム諸国がこれらの展開を非常に恐れていることを、私にはよく理解できます。ですから、アメリカに対する彼らの嫌悪感は、彼らの社会を守るための反射的な反応だと思います。彼らはアメリカ人を嫌っているわけではなく、そうした〝アメリカ化〟に対して反対しているのです。

同時に、ロシアのプーチン大統領も、何が起ころうとも伝統的なロシアの価値観を守るよう国民に促しています。彼は公の場で、西洋の価値観はロシアにとって最善ではない、社会は間違った考えを採用する前によく考えるべきだと繰り返し語っています。ドイツと日本にもそのような賢明な指導者がいればよかったでしょう。

今、世界中で敵対的な雰囲気と戦争が続いている背景には、西洋の思想や文化の影響に対する革命の意図があるかもしれません。

イギリスはＥＵ（とくにドイツ）に支配されることにうんざりし、ＥＵからの離脱を決めました。

最近では、ハンガリーとポーランドも、EUとNATOの父権主義に反対する態度が増えてきています。さらにこの2か国は、イスラム諸国の価値観が自国の価値観と矛盾しているため、イスラムからの難民の受け入れに公然と反対しています。彼らはまた、ウクライナはさらに多くの武器と財政援助を受けるべきだとするNATOの見解にも反対し、プーチン大統領は自国を守る権利があると主張しています。（詳しいことは拙著『プーチンの第三次世界大戦』で述べています）

現在ワシントンは、イスラエルのパレスチナや近隣諸国（レバノン、イランなど）に対する侵略戦争を支援し、軍事援助を提供しているため、中東は我慢の限界に達しています。アメリカの影響力（政治的、社会的）に対する怒りが火山のように噴火するのは時間の問題でしょう。

ここまでで分かるとおり、戦争は必ずしも領土をめぐるものではなく、価値観をめぐる場合もあります。

もちろん、こうしたことは、日本やドイツのテレビのニュース番組では報道されていません。なぜなら、アメリカの政治、そしてアメリカの生活様式を間接的に批判することになるからです。

私が皆さんにお伝えしたいのは、本当に何が起きているかを知りたいなら、政治情勢の表向きだけでなく、その裏側も見なければならないということです。そうして初めて、私たちの国、そして私たち自身の未来を正確に予測できるのです。私たちは人間の精神の本質を深く調べ、自分自身の弱さを理解しなければなりません。これが、本書の目的のひとつです。

実際、世界の偉大な予言者たちは、新しいことを何ら予言していません。これから、この地球がどんどん悪くなっていくということは、紀元前から予言されていました。

２６００年前、ある有名な賢者はこう言いました。

「世界は燃えている家だ。できるだけ早くそこから抜け出したほうがいい」

彼はまた「すべてが無常である」と教えました。宇宙で永続する唯一の事実は、「変化」そのものだけだと――。

彼の名前は釈迦牟尼（しゃかむに）シッダールタ。別名ブッダです。

日本とドイツはこの80年間、平和と繁栄を享受してきました。私たちは皆、未来も同じように続くと思っています。しかし、この甘い期待は近いうちに打ち砕かれ、世界は私たちが知っているものと同じではなくなるでしょう。

私はこの本で、これから起こるすべての変化を暴露すべきかどうか長い間考えました。心理学者として、人々をただ怖がらせるつもりはありません。私はすべての人の平和と幸福を願っています。

しかし、知識は力です。たとえ悪いニュースであっても、知識を得ることは私たちにとって有利です。知識があれば、私たちは自分自身と家族のために、最悪の事態に備えられるでしょう。その具体的な方法については、本書の最後で詳しく説明します。

次の世界大戦はいつ？

イルマイヤーは単なる予言者ではありません。彼は、占星術や手相占い、第六感などのスキルを利用して予言するわけではなく、目の前に現れる映像を見て、自分自身の解釈や判断、意見を入れずにそのまま語りました。なので、具体的な日時は分からず、自分の見た映像からヒントを読み取るしかありません。映像の中の風景や気候から読み取るので、彼の発言は他の誰より信頼できると思います。

イルマイヤーは生涯をとおして、控えめで、謙虚で、エゴもプライドもありませんでした。彼は、未来の残虐行為を見せられるのが不快だとさえ感じていました。

同時代の証人、つまり彼を個人的に知る人物は、イルマイヤーは非常に素朴な人で、特別な教育を受けていない農家の息子だったと述べています。また、彼が見たものは、決して自分で創り出したものではないと、彼の知人のひとりが証言してい

ことです。ます。言い換えれば、彼はそれほどの教養と想像力をもつ人物ではなかったという

有名なノストラダムスは、第一次・第二次世界大戦、そしてパリの有名な教会であるノートルダム大聖堂の炎上を予言しました。

彼はまた、フランス革命とナポレオンの治世も予見しました。つまり予言が驚くほど当たるので、多くの貴族が彼のところにアドバイスを求めてやって来ました。第三次世界大戦については、西洋諸国とイスラムの間の聖戦になり、それが2002年に始まる、戦争が終わったら、王様が現れて平和を保つと予言しています。

ここで、現在の世界的な政治情勢を見てみましょう。

第三次世界大戦が差し迫って勃発する可能性はどのくらいあるでしょうか？

皆さんご存じのとおり、2024年半ばからイスラエルと隣国の間で危機が発生

しています。しかし、それは驚くほどのニュースではなく、イスラエルは50年以上にわたって、いろいろな国とのトラブルを繰り返してきました。

アジアの危機を見ると、日本は北朝鮮に常に挑発されています。実験ロケットが北海道まで飛来しました。そして韓国は、いまだに北朝鮮と戦争状態であり、隣国からの絶え間ない脅迫に神経をすり減らしています。

中国共産党も台湾を併合すると脅しているので、残念ながら本格的な紛争になるのは時間の問題でしょう。

しかし、これらが世界大戦の引き金になる可能性は低いと思います。北朝鮮と韓国の間の紛争が世界戦争にならないために、米国は50年間にわたってこの地域の均衡を維持してきました。中東の緊張が全世界に波及することも、とりあえずはないでしょう。

それに比べると、現在のロシア・ウクライナ危機が、新たな世界戦争を引き起こす可能性のほうがはるかに高いと思います。なぜならば、米国も欧州（NATO）

も直ちにそれに巻き込まれるからです。そして、この大火は日本にも影響を与えることになります。それは軍事的な関与というより、経済的な影響としてです。

ＥＵのすべてが崩壊すれば日本は重要な貿易相手国を失い、すでに弱体化した経済がさらに悪化し、その後、自殺率と犯罪が増加するでしょう。

ここで現在のロシア危機について少し説明させてください。

まず理解してほしいのは、ロシア政府は民主主義ではなく、独裁政権のようだということです。外交政策は、ウラジミール・プーチンというひとりの男の決断にかかっています。プーチン大統領が戦争を望むなら、戦争が起こるでしょう。

私の著書『プーチンの第三次世界大戦』で説明したように、プーチンは任期初めには西側諸国に対して非常に友好的でした。彼はドイツ語が堪能で、最も多くドイツを訪問したロシアの政治家でした。

以前には、ドイツでこれほど多くの展示会、万博、会議を訪れた人は誰もいません。そして彼は多くのドイツの政治家にクレムリンを訪問するよう招待しており、二国間関係は極めて良好でした。

プーチン大統領はドイツが安価にガスを入手できるように、ヨーロッパ最長のパイプラインを建設しました（隣国の同意を得て）。またプーチンは、ロシアのNATO加盟を検討した最初のロシア大統領でもありました。そしてEUにも加盟したいという話し合いが何回も行われていました。

しかし、こうしたヨーロッパとの接近は米国にとって厄介な問題です。（安倍晋三のおかげで生まれた日本とロシアの友好関係も、ワシントンにとっては悪夢だったのと同じように）

ワシントンは、ロシアが他の大国と近づかないように画策してきました。プーチンはこうした影響に対して、アラビアの国々と同じくうんざりしています。

しかし、米国はいつ戦争が起きてもおかしくないほど、ロシアを何度も挑発してきました。例えば、モスクワとの協議なしに、ロシアの〝玄関前〟でさまざまな軍事演習を行うなど。

また、１９９０年に東西ドイツが統一したとき、東ドイツに駐留していたおよそ10万人のソビエト軍を撤退させるのと引き換えに、アメリカのベーカー国務長官がゴルバチョフ書記長にＮＡＴＯを東方拡大しないことを約束しました。つまり、東ヨーロッパは、アメリカ・西ヨーロッパで構成するＮＡＴＯとロシアとの緩衝地帯にあたるのです。

しかし、２００８年にアメリカのブッシュ大統領とドイツのメルケル首相がウクライナとモルドバのＮＡＴＯ加盟を支持し、平気でプーチンを裏切った経緯があります。

さらに、一部の専門家によると、2014年から始まったウクライナ紛争（内乱）は、ウクライナとロシアの分裂を引き起こすために、CIAが画策したものだといいます。内乱が起こると、あっという間にワシントンは首都キエフに大使館を置き、さまざまな貿易関係を開始しました。バイデン元大統領の息子は、ウクライナ最大のガス供給会社の顧問兼最高経営責任者（CEO）に就任しました。それもまたロシアに対する、とんでもない挑発でした。しかし、最悪の事態はこれからです。

2024年9月、ドイツの捜査当局は、前述のパイプライン「ノルドストリーム2」が、3人のウクライナ人によって爆破されたことを発表しました。

これらはCIAの指示によるものだと考えられています。これによって、米国のすべての同盟国（日本を含む）が、ロシアに対する挑発に加担させられたことが証明されました。世界中のメディアでは、プーチン大統領を侵略者、ゼレンスキーを被害者と見なすよう操作されています（真実はまったく逆かもしれないのに……）。

こうした今までの展開を要約すると、プーチンは追い詰められており、反撃する以外に選択肢がないことが分かります。たとえ、その選択肢が、戦争であってもです。

西側諸国はアメリカの犬になってしまっているため（日本も）、結局プーチンに対してアメリカと共謀してきました。これにより彼は非常に怒り、失望し、もともと良好な関係を保っていたかつての相棒たちを完全に信頼できなくなり、関係が最悪になりました（このプーチンの心理的、感情的な状態は、前述の拙著で詳しく説明してあります）。

ロシアの危機は時限爆弾です。西側諸国に裏切られ、孤立したプーチンには、中国、インド、北朝鮮、イランなどと同盟を結ぶという道しか残っていませんでした。

皆さんもニュースでご存じのとおり、北朝鮮の兵士は２０２４年10月からロシアの兵士と一緒に戦うことになりました。イルマイヤーの透視のビジョンをここで思い出してください。

「黄色い顔が混ざった大勢の群衆が見える」

そして**「黄色い人種がアラスカ経由でカナダとアメリカに侵入」**

また、イルマイヤーの新たな戦争に関する予言では、**「無数のハトが黒い箱を落としている」**と語られています。

もちろん70〜80年前、人々はドローンというものを知りませんでした。今ウクライナで行われている戦争以来、あらゆる場所で使用されているのが、まさにドローンです。

遅くともコロナ・パンデミックによって、私たちはウイルスがどんなに恐ろしいものであるかを体験しました。こうした「殺人ウイルス」は人間によって作られ、世界中に甚大な被害をもたらすことができてしまいます。今回も、もう少しで悪魔が人類を全滅させるところでした。

このような非人道的な研究が可能であれば、イルマイヤーの映像に現れた、虫さえも生き残れないほど破壊的な生物化学兵器の開発も可能です。つまり、イルマイヤーの見たビジョンのようなことが今現在、実際に行われているということです。

だとすれば、第三次世界大戦が２０２５年に起きることは決しておかしくありません。


今、私たちは何が起きても不思議ではない恐ろしい時代に生きています。

ドナルド・トランプは二度、暗殺未遂にあいました。重要な内部関係者らは、その背後にＣＩＡがいると主張しています。それは驚くことではありません。

ニューヨークの世界貿易センタービルの崩壊（９・11）は、飛行機だけが原因ではないと、米国の一流エンジニアと建築家が発表しました。

彼らの研究によると、ビルの地下でも爆発があったに違いないということです。

この高度に知的な科学者グループが信用されないために、(国の支配下にある）報道機関は彼らを「陰謀論者」と呼んでいますが……。

他の政治内部関係者は、ジョージ・Ｗ・ブッシュはテロ攻撃が起こる前に（！）そのことを知っていたに違いないと主張しています。なぜならば、彼にはイラクを攻撃する理由が必要だったからです。

ルーズベルト大統領が、真珠湾攻撃が起こる前にそのことを知っていたのと同じように……。自国の国民を犠牲にしても、ヨーロッパの戦争に介入する口実を得たかったために……。

80年前の日本人は、1発の爆弾で大都市が瓦礫と化すとは想像もしていなかったでしょう。広島と長崎で何が起こったかを説明する必要はありません。ここで言いたいのは、私たちは何でも起こり得る危険な時代に生きているということです。

しかし、現在最大の危機はウクライナから発生しています。この国は、海外からの資金援助でバカ儲けをしています。日本も、読者の皆さ

んが想像できないほどの大金を送ってゼレンスキーを支援しています。アメリカの軍事産業を大喜びさせるために……。

私は本書で読者のみなさんを恐れさせるつもりはありません。恐れは私たち人間にとって最悪の状態です。突然、戦争が起こってパニックになれば、誰も冷静に行動できないでしょう。

そのためにも、前もって情報を得て心の準備をしておくほうが、どれだけ良い行動がとれるでしょうか？

次の章では、第三次世界大戦に対する最善の準備法を提案したいと思います。

Chapter 4

輝かしい未来に向かって

Towards a bright future

どう用意すればいいか

イルマイヤーの発言を心理学的に分析すると、彼はパニックも恐れもなく、見えるものを語るだけで、冷静な心を持っていると私は思っています。

そのように「メッセージ」を受け取るには、仏陀のような常に落ち着いた精神状態が必要であり、自分自身に平安がなければなりません。普通の人に突然、暗い将来が見えたとしたら、正気ではいられないでしょう。

イルマイヤーが冷静に透視できたのは、ひとえに宗教への深い信仰心でした。彼はカトリック教徒で、聖なるマリアを信じていました（そうでなかったら、マリアは彼のために絵から抜け出さなかったでしょう）。

彼は自分自身には、何も悪いことが起こらないと知っていました。彼は神が自分の身を守ると信じ、死後は天国に行き、聖人や天使たちに迎えられることを知りながら生きていました。その信仰が彼の支えでした。

ところで、イルマイヤーの時代の聖職者たちは、彼の信用を傷つけるために、彼の予言に反発していました。なぜでしょうか？

イルマイヤーは単なる農家の息子だったのに、聖母マリアとの個人的な経験を持っていたからです。司祭たちは神学を学び、生涯を通じて神を探し求めたのに、そのような経験は一度もありませんでした。おそらく彼らはイルマイヤーに嫉妬していたのでしょう。

ここで私に疑問があります。現代人は何かが起きたときに、どのような〝アンカー〟（錨＝心の支え）を持っているでしょうか？　ヨーロッパの教会はいつも空っぽで、神を信じる人がほとんどいなくなりました。日本では、どれだけの人が神を信じて、信仰から力を得ているでしょうか？

定期的にお寺に行って瞑想している人は、どれくらいいるでしょうか？

仏陀の教えを勉強する人は何人いますか？

そのうえ、高齢化した日本のみならず、ひとり暮らしの数が全世界で劇的に増加しています。家族を持たず、親類や近隣との人間関係のわずらわしさを嫌い、人々はもはやお互いに助け合うことも、会話することもありません。

腐敗臭のせいで、死後数週間経ってからアパートで遺体が発見されるという話をよく聞きます。日本の未婚率は爆発的に増加しています。シングルマザーも増えていることが問題になっています。子供と親の関係も悪化して、痛ましい事件が日々ニュースに流れています。本当に寂しい社会になってしまいました。

ドイツ人も日本人も、どうしてしまったのでしょうか。

人生、あるいは将来をもっと真剣に考え、話し合っていかないといけないのに、と私はよく疑問を感じています。とくに日本人の場合は朝から晩まで忙しく、家賃を払うことだけで頭がいっぱいで、世界のことを考える余裕がありません。

もう誰も暴動や戦争のような不愉快な話題を見たくありません。だから日常のストレスを忘れるために、家ではテレビでバカな番組を見て洗脳され、物質主義的に

（つまり「消費者」）になってしまうのです。つまり、自分から何かを解決しようとしなくなり、もはや真実と向き合う力がありません。

もし今、戦争が勃発したら、心のアンカーがない現代の人たちはみな発狂するほどのパニックに襲われることでしょう。

今の日本では、宗教は形骸化して、ただの飾りとなっています。日本の教会で結婚し、葬式では仏教徒になり、新年には少し神道的になります。日本の神々を知らず、祈り方を学んだこともありません。そして、オウム真理教の麻原が東京で毒ガス攻撃を行って以来、日本人はもはや歴史ある宗教も詐欺的宗教も見分けがつかなくなり、宗教自体を毛嫌いするようになりました。

したがって私は読者の皆さんに、非常事態になったとき、どうやって偉大な力を借りるか聞きたいのです。

何か我々人間より力を持っている存在から助けを求める方法がないと、たったひとりでどうあなたの心を治めるのですか？

それはイエスかもしれないし、天照大神かもしれないし、弥勒菩薩かもしれません。それとも近くの氏神様でもいいのです。

もう一度強調しますが、私はいかなる宗教団体にも属していません。ただし、天照大神は本当に存在すると信じています。彼女が嵐を起こして敵から日本を二度救った経緯を、拙著の中で説明しています。

この嵐は「神風」と呼ばれ、数百隻の敵の船を含む艦隊すべてを二度破壊しました。それを信じない日本人もいますが、今年、蒙古襲来のときの船の存在が海中探査で確認され、730年前の難破船が長崎沖で発見されました。これは偶然ですか？

なぜ今年、突然それが現れたのか、真剣に考えるべきではないでしょうか。もしかして、神様からの暗号かもしれません。天照大神による救済を再び考え直すときが来ているのかもしれません。

ここで、いくつかの実践的な提案をしたいと思います。

このような危険な時期においては、いつでも別れを告げることができるように、最悪の事態に備えておくことは決して悪くありません。

例えば、親や子供に何か重要なことを伝えたい場合は、今すぐ伝えてください。誰かを傷つけた（または間違ったことをした）場合は、すぐに謝罪してください。近所の人がいる場合は、ときどきお茶に招待してください。必要に応じて他の人に助けを申し出てください。恐怖を抱えている人に出会ったら、恐れずに抱きしめて慰めてあげてください。

最近の利己主義は、パンデミックよりもひどい公衆の〝病気〟になってしまいました。地震の警報を聞くと、みんなスーパーに走って、米を買い占めます。トイレットペーパーとミネラルウォーターを1年分買いだめする人もいます。

このように、だれもが自分が良ければいいという時代になってしまいました。皆、家に閉じこもり、もう他人の問題と関わろうとしません。人は心まで閉ざしてしまっています。

人間がまた人間らしくなるためには、神々が何かを起こさなければならないと思う人がずいぶん増えました。それによって、この人類社会がリセットされ、またゼロから始めることになるからです。

こうして考えてみると、この世はますます生きにくくなるので、私たちはなるべく悪い業（カルマ）を現世に残さないよう努力すべきです（イルマイヤーや他の予言者が語った恐ろしい世界に生まれ変わりたいならば、話は別ですが）。

つまり、今重要なのは「善行」です。

「悪事身に返る」と言いますが、善事も身に返ります。これも宗教とは関係ありません。宇宙の絶対法則です。

世界中には、自分の前世を思い出す人が意外と多くいます。そして、「再生」というテーマに関する研究者が、かなりの証拠をそろえています。人は生まれ変わるということです。

そういえば、初期のキリスト教徒は皆、輪廻転生を信じていました。聖書にもこれに関するヒントとなる文章があります。しかし、教会は信者を依存させるために、この教義を表に出しませんでした。すべての主要な宗教団体は信者を操作しようとするので、私は宗教団体に関わりません。宗教団体の洗脳は、もともとの教義とは何の関係もないからです。

おそらく100パーセント信じるべきは、あなた自身の感覚だけだと思いますが、それを信じるかどうかもあなたにお任せします。

近くの神社に特別な力を感じるなら、思いきりその氏神様の助けを借りてください。心の中で菩薩様のような存在を信じるなら、迷いなく祈ってください。お経を唱えることもお勧めします。

平和は可能か？

人類の歴史を勉強すると、私には大きな疑問が生まれます。

以前の二つの世界大戦は記録によると、5000～8000万人の死者が出ました。それ以前にも、世界中ではさまざまな戦争が発生して、大きな苦しみが生まれました。犠牲になったのは死んだ兵士だけではありません。精神的な影響は彼らの家族、あるいは次の世代、ときには6世代先まで続くこともあります（私は心理カウンセラーとして、そういうケースをいくつか知っています。つまり、うつ病の原因が、戦争から戻ってこない家族の死に由来することがあるのです）。

こうした酷い体験が多いにも関わらず、人間は何度も戦争を起こしてしまいます。考えてみると、人類はこの5000年間、経験から何も学んでいません。

この事実は、戦争そのものよりも、さらに恐ろしいと思いませんか？　人間はそんなに無知なのでしょうか？　それとも意識が足りないのでしょうか？

まず、「知識」と「知恵」を厳密に区別しなければならないと思います。ある人は長年、大学で勉強したにも関わらず、頭の中に入っているのは本の知識だけで、個人的な経験も実用的な知恵もまったくありませんでした。

私は全世界を旅したとき、実にさまざまな仏教の僧たちと出会いました。スリランカ、タイ、台湾、そして日本でも。

彼らのほとんどはアカデミックな学位がなかったのに、現在の社会問題をどこの教師よりもよく理解していました。彼らは知恵深く、人間的に成熟し、理解も深く、そして意識が高いことに驚きました。

この特徴は長年の瞑想と関係があるのではないかと思いました。もしそうであれば、瞑想（または座禅）を通して意識を拡大できるという結論になります。

なんて素晴らしい解決法だと思いませんか!?

なぜそれを学校教育に組み込まないのでしょうか？

とくに日本の子供たちには、学校でこれを学び、ぜひ身につけてほしいと思います。なぜならば、無心になって意識を拡大することが日本の知的文化の一部だったのですから（座禅）。

それを知らずに、現代の日本人は、アメリカのビジネスマンから「マインドフルネス」を輸入してありがたがっています。それだけ日本人は、アメリカの文化を無条件で信仰してしまう癖がついてしまっているのです。それは私から見れば、とても悲しいことです。

考えてみてください。平和に必要な知恵は、すべて日本の生活の叡智に含まれていました。鎖国状態の江戸時代では２００年以上もの間、戦争のない平和な時代を過ごしてきた実績があるのです。

神道によると、この世のすべてのものに神が宿るといい、その発想はとても平和的だと思います。そして、禅仏教のさまざまな修行法が意識の拡大に役に立つことも証明されています。こういった素晴らしい日本の価値観をアメリカの文化と交換することが、そもそもの不幸の元ではないでしょうか。

神と悪魔（形而上学的な観点から見た戦争）

人類の歴史を思慮深く読み、繰り返される壊滅的な政治的決定に目を向けると、必然的に一つの疑問が生まれます。

「悪は存在するのか？」

逆の質問をしてみましょう。

「なぜ悪が存在してはいけないのか？」

私自身は無宗教ですが、仏陀の教義からたくさんのことを学びました。この偉大で賢明な教師はかつて、悪魔（マヤ）が自分に挑戦してきたと言いました。彼はまた、飢えそうになったときに神聖な存在が助けてくれたとも語りました。

私も観音様の力を信じています。

ここでもう一度言いますが、私は宗教を全面的に反対しています。しかし、悪と善の存在を十分に味わってきました。そのうえ、神道の基本的な考えは人類のためになると思っています。日本全国には8万以上の神社が残っています。それらはとくに良いエネルギーのある場所に建てられました。したがって、神々、あるいはパワースポットを感じる人が、昔にいたということです。

代表的な調査によると、ドイツ人の半数以上が天使の存在を信じています。この数字はかなり多いと思いませんか？

私の知り合いには天使と対話できる人がいます。彼らは決して単なる変人ではなく、高い学歴のある優秀な社会人です。

皆さんは驚くかもしれませんが、私自身は何度も言うように、天照大神の存在を疑いません。その理由は拙著に書きました（『病因は霊だった！』）。

ここで皆さんに質問です。

「悪魔はいるのでしょうか」

もし神々の存在を信じるならば、悪魔的な存在を疑ってはいけません。なぜならば、すべてのプラスにはマイナスが備わっているからです。

昼と夜。黒と白。愛と恐れ。光と闇。健康と病気。

中国哲学では、それを陰と陽と呼び、「陰陽二元論」という考え方があります。

私はさらに一歩進んで、悪には独自の知性があると考えています。悪は私たちの光を消したいと思っています。ですから、光が多ければ多い人ほど、悪魔が寄って来るというわけです（明かりに蛾が集まるように）。しかし、これはまた別の本のテーマになるでしょう。

重要なことは、悪に気をつけることです。

だからこそ、日常生活の中に「注意（無心）」が非常に重要なのです。この洞察は、昔の日本文化にしっかりと根付いています。

茶道、生け花、書道、座禅などが、「注意（無心）を高める」ことに役立ちます。

また、それなりの日々の練習がなければ、誰も居合道や武士道などの達人にはなれません。注意のない（無心になれない）武士は長く生きられないからです。

しかし、アメリカの文化（浅い考え）と生活様式（超高速で忍耐力なし）、そしてスマホ病（スマホの使い過ぎ）のせいで、注意が失われました。

それによって、古来より相手の意図を瞬時に察知する能力、あるいは第六感が何より優れている日本人が、この感覚を失ってしまったのではないでしょうか。

こうした精神状態なら、この社会に、または自分に悪が入ってきても気がつかないはずです。ですから今、悪は自由に行動し、私たちの生活に入り放題です。そして、疲れ果てた人々の心に気づかれずに侵入し、彼らを洗脳する可能性が高いのです。

デジタル技術と情報量の津波のせいで、人々は気が散ってしまっています。私たちはそれらの便利さと引き換えに、安易に悪を招いているのではないでしょうか。

ある哲学者は、「日本の魂は死んでいる」と断言しています。これは考えられる限り非常に危険な状態です。

国の魂が死んだのならば「リセット」が起こるからです。つまり、宇宙の知性（神々）の立場から見れば、リセットがこの悪い方向を止めるために必要な対策だからです。そして、恐ろしいことが起こり、人類はゼロから再生することになります。それが戦争か、震災のどちらか――。または両方です。

前述したように、２０２４年の元旦に大地震が発生したことを私は非常に懸念しています。日本の神々は怒っているのでしょうか？　もうすでに見切りをつけていなくなってしまったのでしょうか？

クロス氏のコメント

M・クロス氏はドイツの著名な霊能力者であり、私の親友であり、多くの本で言及されている人物です。彼はドイツ連邦軍で昇進し、活躍していましたが、ある日、自分の真の才能に目覚めました。それは霊的存在を見ることでした。それ以来、彼の人生はまるっきり変わったのです。

現在、クロス氏は85歳で、うつ病患者を霊を祓うことによって治す仕事をしています。私もカウンセリングでクロス氏の力を借りることがあるので、

クロス氏

その中には日本人もいます。彼は故人にコンタクトしたり、質問することもできます。

私は多くの国で霊能力者と出会いましたが、彼の能力は最高位だと思っています。なぜならば、悪魔を追い払うこともできるからです。そして彼もイルマイヤーと同じく、その能力についてのお金を受け取ったことがありません。

その彼が女性の霊媒師を通して、宇宙から次のメッセージを受け取りました。（そのとき彼はイルマイヤーについて何も知らず、何の関係もありませんでした）

⑴もうすぐ戦争が始まる。ロシアで重要な政治家が殺害された後に始まるだろう。

⑵その後、多くの死者を伴う自然災害が起こる。

⑶３日間は暗い。その間、電気は使えなくなる。蝋燭だけが灯っている。

このチャネリングされたメッセージは、イルマイヤーが見たものとまったく同じです。さらに、ブルガリアの有名な予言者ババ・ヴァンガも同様のことを予言しました。

しかし、彼の最も重要な発言は次のことです。

「だからといって恐れる必要はない」（私もこの意見に同意します）

私たちが神々や守護霊に助けを求めれば守られます。

もちろん戦争や大地震のときに恐れのない状態でいることは簡単ではありません。しかし、恐れには私たちを神（宇宙）から引き離すマイナスの波動があるのです。ですからイルマイヤーだけでなく、多くの透視能力者や占い師が悪い未来を予言していますが、私たちはその暗い未来に巻き込まれないよう注意しなければなりません。何千万もの人々の「もうすぐ戦争になる!!」という心配事（言霊）が、実際に戦争を引き起こすことがあるからです。

私は皆さんに、まだ見ぬ情報をお知らせしたいと思ってこの本を書きましたが、その暗い部分には決して引き寄せられないようにしてください。

イルマイヤーからの朗報

イルマイヤーは、第三次世界大戦の悲惨な予言ばかりを私たちに残したのではありません。大惨事の後にくる良い時期も予知しています。

それは彼だけではありません。前述のクロス氏も同じことを発表しています。

暗い時間の後には、素晴らしい時代が始まるのです。


「**豊作、平和、そして幸福。人々はみんな満足**」

この予言を読むと、皆さんは嬉しくてしょうがないと思うかもしれません。しかし、私には「その後は？」という疑問があります。長年の平和が続くとそれに慣れて、人類は再び馬鹿なことをするのではないか？　もしかして、また利己的で欲深い政治家が選ばれるのではないか？　そして、戦後3世代か4世代が、再び戦争を忘れ、争い始めるのではないか？　誰かがまたコロナのような危険ウイルスを開発するのではないか？　結局、歴史は何度も繰り返されるだけではないか？

釈迦は「命の輪」と言っていますが、それが表現するのは「すべては円のように無限に循環する」ということです。つまり、繰り返されるこの世の苦しみから逃れる唯一の方法は、内なる精神的な成長です。

仏教の教え　無限の命の輪

私は、人間が学ぶために、そして変わるためには、問題が必要ではないかと思います。人生に問題がなかったら、何の変化もしたくないでしょう。

スリランカのある医師は、かつてこう言いました。

「問題は神からの恋文です」

私は、それが腑に落ちるまでに15年かかりました。本当にそのとおりです。ただし、例外が一つあります。私の知っている限り、江戸時代には大きな内戦や戦争はありませんでした。

日本はこの平和で問題のなかった時代に、どこにもないほど文明と文化が最高潮に花開きました。そう、日本はこの260年の間、文化が頂点に達していたのです。建築、絵画、和歌、書物、料理、音楽、舞台芸術、着物、織物などが今日でも有名です。

同じような最高の文明の時代が、同じころのドイツでもありました。そのとき、偉大な天才が次々と現れました。モーツァルト、バッハ、ベートーベン、ブラームス、シラー、ゲーテ、そして数多くの哲学者や詩人。

当時、日本とドイツの両国には純粋な文化と純粋な魂がありました。

よく言われるのは、ドイツの魂はまぶしいくらい照らされていて、その民族が生み出した発明と作曲は、全世界で今日でも称賛されているということです。だからこそ、この国は悪魔を呼び寄せて、しょっちゅう暗闇に落とされます。日本人も同じように純粋な魂を持っているので、神々の祝福を受けている民族だと思います。だから、悪魔の的になってしまうのでしょう。

歴史的に見れば、アメリカの黒船が横浜に着いた日から、天国の時代が終わりました。

このように民族に言えることは、個人にも当てはまります。つまり、社会に役に立つ天才たちが優先的に悪魔に攻撃されます。しかし、それを悪魔のせいにしてもどうにもなりません。私たちはもっと悪い影響に注意するしかありません。善と悪は永遠の戦いであるため、それを意識しなければならないのです。

アメリカの影響がすべて悪というわけではありませんが、確固たる権力構造の上層の意図、そして人間を無視した合理的な考え方が、大きく影響していることは事実です。

これによってドイツも日本も本来の価値観を失って、下り坂になってしまいました。これは私の個人的な意見ですが、ドイツはもう助かりません。

しかし、日本については、まだ希望があります。昔の価値観を再発見すれば、日本人は再びより幸せで健康になれると私は確信しています。そして、全世界がこの日本の叡智から恩恵を受けるでしょう。

そのためにはまず日本人自身が、そこに戻る道を自分たちで見つけなければなりません。その具体的な方法は、別の拙著で明らかにしています。(『目覚めよ、日本人！』)

最も重要なのは、相互扶助の精神です。つまり、助けを必要としている人を見捨てずに助けてあげること。

この洞察は、すべての伝統的な宗教の共通点です(良い行いをして、悪い行いを避ける)。すでに述べたように、悪事だけでなく、善事も私たちに返ってきます。

では、それをどのように実践すればよいのでしょうか。

まずは、困っている人に手を差し伸べることです。それをすればするほど良い業(カルマ)を積むことになりますから、私たちは、その機会を与えてくれた相手に感謝しなければなりません。

「あなたを助けさせていただき、ありがとうございます」

「業（カルマ）を積ませていただき、ありがとうございます」

さらに、困ったときに、助けを求めることができるようになれば、しめたものです。しかし、それがまさに日本人の弱いところでもあります。困ったときに、人に助けを求める勇気がないのです。自ら命を絶つまで、大きな問題を抱え続けてしまいます。

相手の負担になったり、迷惑をかけたりしてはいけないという教育を受けているからでしょう。しかし、この考えをぜひ見直してください。助けを求めることは、相手に業（カルマ）のための善行の機会を与えることになるのです。つまり善行とは、結果的に助けたのは相手ではなくて、自分自身だったということです。

私たちは皆、もっとお互いに助け合うことを学ばなければなりません。戦争や危機のときだけではなくて――。そして、神々と自然を敬うことを学ばなければなりません。そうすれば、世の中は楽園になります。

そうなるように、みんなで力を合わせましょう。私はそれを願っています。

人々は大惨事や苦難に直面したときのみ神々と守護霊に頼りますが、平穏なときこそ神々の存在を意識すべきです。人と神の縁が強ければ、大惨事は必要ないのではないかということを真剣に考えてほしいと思います。
日々の生活でも観音様や神々を思い出して心から祈ってみてください。

あとがき
知識はパワー

前に述べたように、私はかつてスリランカで並外れた才能を持つ手相占い師に出会いました。カルテリスという名前の占い師はスリランカで最も高額なため、裕福な人しか彼の占いを受けることができませんでした。

ですが、彼は本当に天才でした。例えば、人々がいつ離婚したり、妊娠したり、事故に遭ったりするかの時期を予測することができました。本書は占いに関するものではないので、このテーマについて深く掘り下げるのはやめておきましょう。

しかしながら真剣に考えてみると、個人や国の未来を予測し、予言し、それらが起こるずっと前に見ることができる人々がいるということは、私たちの人生のすべてはすでに決まっているという結論になります。

そうなら、未来を変えることはできません。受け入れることしかできないのです。それを、日本語で昔から「因果」といいます。原因はずっと前に決まっていて、そこから起きることも決まっていて、それは変えらません。

しかし、私たちの力で変えられることが一つだけあります。それは特定の出来事が私たちに与える影響を和らげること。

例を挙げてみましょう。宇宙（または神）の人生計画によれば、来年あなたは交通事故に遭う運命にあります。優れた手相師や占い師なら、これを見抜くことができるでしょう。それは避けられないことだと言えます。あなたの運命の一部なのですから。

しかし、シートベルトを締め、良質のエアバッグを使用すれば、この酷い事故による被害は最小限に抑えられるでしょう。重傷を負うことなく、数日病院で過ごすかもしれませんが、それだけです。また、飲酒運転をせず、しっかりとした傷害保険や健康保険に加入していれば、心配する必要はありません。

このように、将来何が起こるか分かっていれば、最悪の事態に備えることができます。世界最高の千里眼の持ち主の何人かが、ヨーロッパで戦争が起こると予言したのであれば、ドイツやイギリスへの旅行はやめたほうがよいでしょう。

イルマイヤーは若い頃、爆弾が落ちる場所を告げて多くの人の命を救いました。その幸運な人たちは、まだ死ぬべきときではなかったのです。だから宇宙（あるいは神）は彼らを救うために、その役をイルマイヤーに任せたのです。

同じように、この本の読者の中には、死ぬことも苦しむこともないはずの人たちがいます。だから宇宙は、その人たちが本書に出会えるように仕向けたのです。

この本の目的は、あなたを怖がらせることではないと繰り返し述べてきました。真の目的は、あなたを目覚めさせることです。

人生を真剣に考えてください。地上の楽園は幻想です。地獄はいつでも解き放たれる準備をしています。命は貴重です。それを他人を助けるために、あるいは他人に手を伸ばすために使ってください。社会の役に立つことを考えましょう。自分の利益ばかりを優先しないでください。どうせ向こう側には一銭も持って行けないのですから。

あなたの幸せと健康、長寿をお祈りします！

永平寺にて　著者のM・クラメス

著者プロフィール

Prof.h.c.Manfred Krames

マンフレッド・クラメス（コロンボ公開大学名誉教授）
1963年、ドイツ最古の都市トリーアで生まれる。
若い頃に来日、禅仏教、東洋哲学、伝統中国医学を学ぶ。その後、スリランカとインドでインド伝承医学である「アーユルヴェーダ」を学ぶ。専門は心身症と超心理学。このテーマについて12冊以上の本を執筆し、ドイツ語以外にも出版。日本では8冊を出版し、大勢の聴衆に向けた啓蒙活動、講演を日本語で行っている。
現在、ヨーロッパ大陸では緊張が高まり、ドイツをはじめ各国が戦争準備をしている中、この危機的状況を日本国民に知らせることを決意。新たな戦争について信頼できる透視者の存在を知り、著者は責任を感じて緊急に本書を執筆した。

カウンセリング、講演などのお問い合わせ先
メールアドレス：Zentai310@gmail.com
著者ホームページ：https://manfred-krames.studio.site
https://mpk-japan.jimdofree.com/

Photo Credits

Page 186 is from Wikipedia (image of Quan Yin) and maps on p. 86 & 106 are from Schild Verlag, Michael Dobler

All other pictures and illustrations are from PIXABAY.COM.

人類最後の予言　世界一の透視者が見た 2025年

2025 年 1 月 17 日　初版第 1 刷発行
著　者　マンフレッド・クラメス
発行者　友村太郎
発行所　知道出版
〒 101-0051 東京都千代田区神田神保町 1-11-2
天下一第二ビル 3F
TEL 03-5282-3185　FAX 03-5282-3186
https://chido.co.jp/
印　刷　ディグ

ISBN978-4-88664-379-7